肘井学 スタディサプリ講師

20代で学んでおきたい33のこと

KADOKAWA

はじめに

人生のなかで、20代は最大の分岐点といってよいでしょう。20代で多くの人が社会に出て働きだします。何の仕事をして生きていくかをみずから決めて、親から自立して、一人暮らしを始めます。**親元から離れることで、ようやく自分の人生が始まります。**

私の20代をひと言で表すならば、「**絶望**」という言葉が一番適切かと思います。周囲に聞いてみると、20代で「**絶望**」を味わっている人は、意外にもけっこういるものです。親元にいるときとは、何もかもが変わります。そして、社会に出ることで、それまでの学生身分とは、大きく変わります。

10代の夢や理想、思い上がりが打ち砕かれるのが20代でもあります。それでも、**希望を失わずに一つひとつ積み重ねていく**ことで、必ずや30代以降に花開く瞬間がきます。絶望が一瞬にして希望に変わるほど簡単ではありません。しかし、**絶望的な状況を受け入れて、それでも一つひとつ変えていくことで、必ず道は開けてきます。**

はじめに

現代では、**ワーキングプア、格差社会、非婚社会**と多くの社会問題を乗り越えて、生きていかなければいけません。そのなかで、**どうやったら豊かな人生になるのか**を、私自身の経験や周囲の経験から1冊にまとめました。

大学受験時に「これが人生でがんばる最後の試練だ」とか、「ここを乗り越えたら、人生の勝ち組になれる」といった甘言《かんげん》を耳にしてきた人もいると思います。ところが、実際はまったくそんなことはありませんでした。良い大学に入るとか、良い会社に就職するとかは、どれもスタートにすぎません。**何事も、スタートしてからのほうがはるかに重要**です。

仕事は、どんな人にとっても自分のアイデンティティとなる重要な要素を持つものになるでしょう。どんな仕事をするのか、どんな雇用形態で働くのかを考えて生きていかなければなりません。

人によっては、結婚、出産という一大ライフイベントを迎える人もいます。結婚は、大きな人生の決断になります。誰と結婚するのか、そして自分がどういう状態で結婚するかで、人生は大きく変わっていきます。

そして、人生の伴侶を得て、子どもが生まれたら、親になります。今まで親によって守られていた立場から、誰かを守る立場に変わる人もいます。

20代をどう生きるかで、30代、40代の人生が変わってきます。仕事、恋愛、友情に遊びと、20代でしかできないことをおおいに楽しむとよいと思います。

どうか、これを読んでくれたあなたの20代、そしてそれ以降の人生が豊かなものになることを願っています。

肘井　学

デザイン　山之口正和＋高橋さくら（OKIKATA）
カバーイラスト　かたお。
DTP　尾関由希子
校正　麦秋アートセンター

目次

第3章 20代で身につけるべき価値観

第4章 20代の夢との向き合い方

第5章 20代の仕事

第6章 20代でお金との向き合い方を学ぶ

第7章 生活力の大切さを知る

第11章

心を満たす方法を知ろう

20代の悩み Q&A

第1章

20代の絶望を乗り越える

その1　20代で「何とか」親から自立する

その2　20代で「いったん」就職してみる

その3　孤独を糧にして生きる

20代の悩み Q&A

① 親との関係がうまくいかず、悩んでいます。

その1

20代で「何とか」親から自立する

20代で一番大事なことは、親から「何とか」自立することです。不格好でも不完全でもかまいません。完全な準備などを待っていたら、チャンスを逃してしまう。そういう意味での「何とか」という言葉です。

私自身も、親からの自立は遅いほうでした。19歳で札幌から上京して一人暮らしをしていたので、親と離れて暮らす「物理的自立」はそうそうに果たしていました。しかし、いっさいの金銭的な援助を受けない「経済的自立」「精神的自立」を完全に果たせたのは25歳くらいだったかと思います。親から自立できないことは、20代の絶望が深まる原因になってしまいます。

■親から自立することで「自尊心」が芽生えてくる

20代の私は、**人より自立が遅いことで自尊心はどん底**でした。しかし、**親の経済圏から完全に離れたことで、はじめて自分の人生がスタートしたと思えた爽快な感覚は、いまだに鮮明に覚えています。**大学を卒業して自分で契約して家賃を払った、はじめての一人暮らしは、家賃5万円のアパートでした。学生時代のアパートより安い賃料でした。ワンルームで、一番大きな窓には外側に蜘蛛《くも》の巣が張っていて、大きなアシナガグモが常にいたのを覚えています。

親から完全に自立する前の私は、親の買ったマンションに、社会人の兄と2人で同居していました。札幌で生活する父が、仕事の関係で定期的に東京に出張することと、私と兄が東京で生活することから、親がマンションを東京に購入していました。社会人の兄は家賃を払うので問題ないのですが、大学卒業後に非正規雇用で生活していた私は、家賃を払わずに、何とも居心地の悪い暮らしを送っていました。

物質的には、新築の高層マンションでしたが、精神的には、親に依存する生活が自尊心をどん底まで引き下げていました。はじめて親の経済圏から抜け出して住んだ住宅は、物理的には高層マンションには到底及ばない物件でした。**それでもはじめて自分の人生をス**

タートさせたことで、精神面では、失った自尊心を少しずつ取り戻す大きなきっかけとなってくれました。

■一人暮らしは自立をかなえる第一歩

自立のイメージがまだわかない方は、**とにもかくにも一人暮らしをすること**をおすすめします。自分で支払うことのできる家賃と、職場からそんなに離れていない立地の住居を選ぶとよいでしょう。

住居の賃貸契約には、敷金・礼金が発生します。どちらもおよそ家賃の1～2か月分です。敷金は、賃貸借契約の終了とともに、クリーニング代などを引かれて返却されます。礼金は、賃貸借契約の御礼として大家さんに払うもので、返ってくるものではありません。近年では敷金・礼金が発生しない物件もあります。

もちろん貯金して敷金・礼金を自分で払うのが理想です。しかし、まずは「何とか」親元から離れることが目標なので、敷金・礼金を親に出してもらってもよいから、一人暮らしをスタートさせるとよいでしょう。

■一人暮らしが生活力を高めてくれる

10代では学力や運動能力がたくさんテストされるので、そういった能力は誰しも注目するものです。しかし、20代以降に学力や運動能力以上に大切なのが、**生活力**です。親元にいては、いつまでたってもこの生活力は向上しません。**生活力**とは、**掃除・片づけ・家計管理・自炊・体調管理などの自己を規律する力**です。

■掃除は運気を上げ、性格を改善してくれる

片づけができない、掃除のされていない部屋で生活しているうちは、自尊心が低く、運気は悪いままで、仕事も恋愛もうまくいきません。**きれいな部屋で生活することは、自尊心を高く保ち、運気や健康運を引き上げ、仕事や恋愛運を向上させてくれます。**大事なのは、親に掃除してもらうのではなくて、自分で部屋を掃除することです。掃除をすると心がすっきりした経験をしたことがある人はいると思います。**掃除をすることで、自己中心**

的な性格が改善されて、心が磨かれていきます。一人暮らしをすることで、掃除の大切さにも改めて気づくことができます。

■一人暮らしは自分の人生の経営をスタートさせること

一人暮らしをスタートさせることは、自分の人生の経営者になることと似ています。毎月の収入から、支出をコントロールする術《すべ》を学んでいきます。給料日に入ってきた収入を、1週間で使い切ってしまっては生きていくことができません。その月の収入から、家賃、水道光熱費、携帯代などを引いた額を日割り計算して、1日当たりの使えるお金を把握します。大きな買い物をしたいなら、貯金をしてお金を貯めなければいけません。支出を見直して、無駄なお金を節約して、有意義なお金の使い方を考えます。

■自炊は健康面、経済面、精神面のすべてを向上させてくれる

一人暮らしをして身につく能力に、**自炊能力**があります。自分で食材を購入して料理する力ですが、これも生活力に直結します。自炊をすると、食費を節約できます。毎回外食

やコンビニ弁当などでは、お金がたくさんかかってしまいます。**自炊をすることで、経済面で大きな助け**となります。

そして、自炊をすると、外食と比べて量がコントロールできるので、**健康面でも役に立ちます。**原材料を自分で把握して、適量の味つけができます。食事量をコントロールできるので、ダイエットにも役立ちます。こうした、経済面、健康面での充実が、**精神的な充実にもつながります。**

料理はクリエイティブな作業で、おいしくできあがると、とても嬉しくなります。**お金持ちに料理が趣味と答える人が多い**という話を聞いたことがあります。料理をすることで、経済面、健康面が向上して、精神的に充実することでお金持ちになるのかは定かではありませんが。しかし、20代で一人暮らしをするついでに、自炊能力を高めておくとよいでしょう。最低限の料理ができることは、その後の30代、40代でも必ず役に立ちます。

まとめ

20代で「何とか」親から自立することで、自分の人生が始まる。親から自立すると、一番大切な自尊心が芽生えて、大事な生活力が身につくことを覚えておこう。

その2

20代で「いったん」就職してみる

「その1」で、**20代で「何とか」親から自立する**と紹介しました。自立するには、とにもかくにもお金が必要です。だから、理想どおりとはいかないまでも、**20代で「いったん」就職してみる**ことをおすすめします。**ワーキングプア**という現実は、誰の身近にでもある問題だと、覚えておいてほしいのです。

■ ワーキングプアという「絶望」

「ワーキングプア」とは、働いていても、生活保護の水準以下しか収入が得られない現象で、「働く貧困層」とも呼ばれています。一般に年収200万円以下がワーキングプアの基準とされています。日本が抱える大きな社会問題の1つです。私自身も、大学卒業後数年は、それと何ら変わらない生活を送っていたので、痛いほど苦しさがわかります。私の20代は、まさに「絶望」からのスタートでした。

■ 非正規雇用とワーキングプア

ワーキングプアの要因は多岐にわたりますが、そのなかでも**非正規雇用が増えた**ことが挙げられるでしょう。私自身も、大学卒業後しばらくは、この非正規雇用で生活していたことが、ワーキングプアに陥《おちい》った原因の１つでもありました。非正規雇用は、賃金をおさえることができて、雇用の調整も容易なので、企業によっては正社員よりも歓迎されていることもありました。

マンションなどにチラシを投函するポスティング、工場での梱包作業や、各種運搬業務、工事現場の手伝い等をよくしたものです。大学生のときに、小遣い稼ぎに行っていた日雇い労働と違って、**大学卒業後に行う日雇い労働は、心身ともに、ずっとこたえるもの**となっていました。

■ 物書きになりたいという夢と大学生活

そもそも、私が大学卒業後に就職もせずに、しばらく非正規雇用で生活していたのは、「サラリーマンなんてやりたくない」という一心で、現実逃避に近い生活を送っていたことが原因でした。札幌で1年間浪人して、第1志望の大学に合格して、上京しました。物書きになりたいという夢を見て文学部に入学しますが、大学での授業は、物書きになることとは程遠いもので、キャンパスから足が遠のくばかりでした。

1年間留年して、アルバイトを通して働くことの大変さを実感しました。**今の状態で社会に出てもやれることが非常に限られているという現実**に気づくことができました。大学時代の最大のメリットは、時間があることです。ならば、**その時間を最大限に活用して、社会に出るための大学卒業という条件だけは何とか果たそう**という気持ちに変わっていきました。

■ 就職活動を避けて、弁護士を志す

何とか卒業できる見込みが立ったものの、その時点でもサラリーマンが嫌で、行き着いた目標が、**弁護士になること**でした。物書きになりたいといっても、その方法もわからず、かといってサラリーマンにはなりたくない。今思うと、とても浅はかな発想ですが、そんなこんなで司法試験の勉強を開始することになりました。

■すごいのは親であって、自分ではない

弁護士を志したきっかけに、私の父親が弁護士をしていたことが挙げられます。父は、母と結婚して、私も兄も生まれていた28歳のときに、弁護士を志して司法試験の勉強を開始します。学校の警備員をやりながら、36歳のときに合格して、38歳で弁護士としての活動をスタートさせます。その当時の司法試験の難易度は、今の試験とは段違いに高いもので、弁護士は本当に限られた人しか就けない職業でした。

当時の私はというと、大学生という身分を利用して、さんざん遊びまわる生活を送っていました。昼夜逆転の生活を送り、酒、タバコに浸り、ギャンブル三昧の日々です。そんな人間が、一念発起して勉強を開始したところで、合格できるようなレベルの試験ではあ

りません。そのときに、改めて、「**すごいのは親であって自分ではない**」と、勘違いから目を覚ますことができました。

2年ほど勉強をしたのちに、親に涙を流しながら「弁護士をめざす勉強中心の生活をやめて、今の自分にやれることをやろうと思う」と打ち明けた記憶があります。

■天職との出会い

24歳か25歳のときだったと思います。その当時の自分には、何もない状態でした。頭を丸坊主にしていたので、髪もない。仕事に就いていなかったので、職もない。当然、お金もない。彼女もいない。友人も別の生活をスタートしていて、同じ立場の友人はいない。そんな「ないないづくし」の自分に唯一残されていたのが、**勉強を教える仕事**でした。逆説的なことですが、私にとっての「教える仕事」というのは、**何もかも失ったときに、唯一手元に残った天職ともいえる仕事だった**のです。

1年半くらい非常勤でいくつかの職場を掛け持ちして働きつつ、そのあとに、正社員の講師として「いったん」会社に就職します。

■ どこで働くかよりも、そこで何をするかのほうが重要になる

「いったん」と書きましたが、「とりあえず」の就職でもよいのです。あんな職場とか、こんな仕事とか不平ばかり述べずに、自分の力を客観視して、**今働ける場所で働くことが重要**です。会社名とか職種の問題以上に、とにもかくにも親からの自立に伴《ともな》って、**そのときにできる仕事をスタートさせます。**どこで働くかはさほど重要ではありません。それよりも、そこで何をするかが重要です。

私自身も、大学時代は「サラリーマンなんか死んでもやらない」と息巻いていましたが、社会に出てからは、自分の甘さを痛感するばかりでした。４つ上の兄が就職活動をして各社にエントリーをしていたとき、「自分はそんなことをやりたくない」と父親にこぼしたことがありました。そのとき父親に「やりたくてやる人はいないぞ」と一喝されたことがありました。

■ 独立志向の人も「いったん」就職してみる

当時の私は、我流で働き続けることの限界も認識して、1回サラリーマンを経験してみるのも悪くないのではという考えに変わっていました。**いずれ独立するにしても、まずはいったん会社に就職してノウハウを学んで、人脈をつくる。**そこから起業するほうが、何倍もうまくいく可能性が高いのではという思いになりつつありました。

はじめての会社勤務は、本当によい思い出ばかりです。はじめてボーナスをもらったり、仕事終わりに同僚とご飯を食べたり、銭湯に行ったりしました。会社の経営が傾いてからは、いろいろと難しくなっていきましたが、それはそれでとても貴重な経験ができました。

だから、本書を読んでくれている方にお伝えしたいのは、**いったん会社に就職してみることです。**独立志向があっても、いきなり起業ができるほど甘くはありません。まずは就職してノウハウを学び、お金を貯めて、人脈をつくってから独立することをおすすめします。

私の場合は、はじめて正社員として勤めた会社が静岡に本社がある予備校でした。東京での生活に疲れ切っていた私は、一度すべてをリセットしようと、最初の勤務地となる静岡に引っ越しました。人脈も何もないところからのスタートでした。

■ とりあえず5年働いてみる

多少後ろ向きな就職でも、**とりあえず5年働いてみること**をおすすめします。もっとも、あまりに理不尽だったり、不合理だったりする場合は、それ以前に辞めてもかまいません。けれども、許容範囲であれば、できたら5年間は勤めるとよいでしょう。なぜ5年かというと、1つの仕事を始めて、最も成長できるのが5年間で、それ以降は成長曲線が緩やかになるからです。よって、6年目は、同じ会社内の別の部署を希望するか、別の会社への転職の機会をうかがいます。

■次の職場を決めてから辞める

辞めるときに注意してほしいのが、**次の職場を決めてから辞めること**です。社会では、仕事をしていない空白期間が嫌われます。よって、今の仕事をしながら転職活動をします。私自身も、最初の会社勤めが5年間で、ちょうどピークのような状態で、次の仕事に移行することができました。次の仕事が、リクルート社との、スタディサプリというオンライン授業サービスの立ち上げでした。前の職場で一生懸命仕事に打ち込んだからこその、次の展開だと思っています。

■最初の職場での人脈は宝物

私は慶應義塾大学卒業ですが、三田会には所属していません。大学の同窓会にも、そもそも呼ばれもしませんが、顔も出しません。人脈という言葉には縁遠い私ですが、**最初の職場での人脈は宝物のようなもの**です。いまだにプライベートで遊ぶ人もいます。仕事を手伝ってもらう人もいます。最初の非常勤講師時代に仲良くなったのが、スタディサプリでご一緒している現代文の柳生好之《やぎゅう》先生です。同様に山内恵介先生、関正生《まさお》先生、伊藤賀一《が》《いち》先生、村山秀太郎《ひでたろう》先生、岡本梨奈先生、堺義明《さかいよしあき》先生は、いずれも最初の職場での人脈から、次の世界でもご一緒させていただいています。入社したころは、こんなにすてきな展開が待っているとは夢にも思いませんでした。

だから、最初の職場は、場所や会社名にこだわるあまりに、機会や自分の在り方を見失わないことが重要です。繰り返しになりますが、**どこで働くかよりも、そこで何をするかが重要**です。どんな夢があるにせよ、「いったん」でよいので、**正社員を経験してみること**をおすすめします。

まとめ

20代で「いったん」就職してみる。どこで働くのかではなくて、そこで何をするかが重要になる。最初の職場で得た人脈は、あとから宝物のようなつながりになることがあるのを覚えておこう。

その3

孤独を糧にして生きる

20代の「絶望」をひときわ大きくしてしまうものに、**孤独**という問題が挙げられます。東京や大阪のような大都市では、余計に孤独を感じる瞬間があると思います。経験した人はわかるように、**孤独ほど人を狂わせるもの、苦しめるものはありません。**一方で、孤独を経験することで、見えてくるものもあります。

■ 孤独を経験することで、本当のつながりが見えてくる

10代のころは、多くの人が家族に囲まれて生活しています。人は慣れる生き物だから、ずっと一緒にいると、家族のありがたみになかなか気づきません。そうしたときに、しっかりと家族から離れることで、自分の無力さや家族のありがたみに気づけるようになります。**孤独を経験するからこそ家族の尊さに気づき、本当に大切なつながりが見えてきます。**そして、**家族に泣きつくのではなく、自分の家族をつくる決意を強くする**のです。

■孤独を経験することで、共感力が生まれる

孤独を経験するもう1つのメリットに、**共感力が生まれること**があります。罪を犯したり、道を踏み外したりする人に対して、その境遇を理解できるようになります。たとえば、不倫がいけないことなのは、誰もが知るところです。しかし、通常ならばしないことでも「孤独から逃れるために」やってしまう人がいることも理解できるようになります。**「孤独ほど人を狂わせるものはない」**ということを知っているだけで、また1つ世界が広がったと思ってよいでしょう。

■孤独を経験することで、心が強くなる

20代で孤独を「いっとき」経験することで、**心が強くなります。**一人で行動して判断する力をつけることで、精神的に強くなります。いつもは誰かと行く場所に、あえて一人で行ってみます。一人焼肉、一人カラオケ、一人で映画を観に行きます。もちろん、映画館にはカップルや家族で来ている人も多いでしょう。そんななかに、あえて一人で入っていきます。そこで得られる勇気や自信は、とても大事なものです。

■ 世の中の人は、そこまで他人に関心がないとわかる

同時に、一人で行うことをあれだけ恥ずかしいと思っていたことでも、実際にやってみると、**世の中の誰も自分のことを気にしていない**ことに気づくでしょう。カップルで来ている人は、一人で来ている人に対して目もくれません。もともとが自意識過剰だったことがわかるでしょう。世の中の人は、そこまで他人に関心がないのです。

■ 一人旅をする

20代のときに、国内でも海外でもよいから、**一人旅を経験してみる**ことをおすすめします。**そこで得られる勇気、不安を乗り越えた先に生まれる自信、自分で判断して先に進む行動力は、どれも他に代えがたいもの**になります。同時に、**普段住んでいる場所や国を離れると、いかに自分のいる場所が狭い世界で、自分の抱えている悩みが小さいものかに気づくことができます。**

■ 孤独を経験するのは「いっとき」にする

孤独を経験することで見えてくる世界はありますが、ずっと孤独でいることは決しておすすめしません。孤独ほど人を狂わせるものはないので、やはり誰かと歩む人生をおすすめします。

■ 独りよがりにならないようにする

本書では、20代に親元を離れて自立することをすすめています。とはいっても、自立と「孤立」や「独りよがり」は違います。誰にも合わせない、誰の気持ちも考えないでは、「孤立」や「独り」に陥ってしまうのは時間の問題です。**自立しているからこそ、誰かに合わせて、誰かの思いを想像することができる**ようになります。そうするなかで、本当に大切なつながりを見つけて、大事にしてください。

まとめ

20代で「孤独」を糧にして生きる強さを身につけよう。独りになることで、本当に大事なつながりが見えてくる。もっとも孤独ほど人を狂わせるものはないことも知っておこう。

20代の悩み
Q&A
1

親との関係がうまくいかず、悩んでいます。

親との関係は、誰しも悩むものです。私自身も、20代や30代は、親との関係に悩むことがよくありました。親は子どもが心配で守りたい、そして自分の考えに沿って生きてもらいたい。一方で、子どもは自分で考えたように生きたい、不安定な道であっても、自分の決めた世界でがんばりたい。このように、**ほとんどの親子関係は反発し合うもの**です。どの親子関係も難しいものだから、あまり深刻に考えないようにしましょう。

あなたが悪いわけでも、あなたの親が悪いわけでもありません。あなたと親の距離が近すぎることが、うまくいかない原因です。だから、20代で一番大事な自立という儀式を経《へ》るためにも、**親元を離れて一人暮らしを始めることをおすすめ**します。

成人して社会に出れば、あなたが一人で暮らすことを止める権利は誰にもありません。自立してもなお、自分の人生に干渉してくる親もいることでしょう。そういった場合には、親に安易に頼らない、そして**自分の人生の主導権は自分にあること**をしっかりと主張します。聞く耳を持たない親との話し合いは、心が折れそうになりますが、これも自立に必要な過程の1つととらえてください。

みずから、親と一定の距離をつくる努力も必要です。**一定の距離が生まれたら、いつの日か健全な親子関係を構築できる日がくる**ことを思い描いて、少しずつ適切な関係性を築いていきましょう。

第2章

恋愛下手という絶望を乗り越える

その4　非婚社会

その5　恋愛と結婚は別物

その6　結婚に近づく8つのコツとは？

20代の悩み Q&A

② 異性と話すのが苦手です。

その4 非婚社会

20代で接する「絶望」の1つに、恋愛下手ということが挙げられるでしょう。**異性とのコミュニケーションは、永遠の課題といってもよいほど難しいものです。**男性と女性では、感性や感覚が異なるからです。家族構成に異性が多くて、10代を常に共学の学校に通っていた人と、家族構成に同性が多くて、10代を男女別学の学校に通っていた人では、異性とのコミュニケーションの得意不得意が異なるものです。

昔と違って、**現代は結婚するのが難しい時代になりました。**その昔は、多くの人が結婚するのがふつうだったのに対して、現代では結婚をしないことを選ぶ人も増えました。積極的に一人でいることを望んでいる人はよいのですが、本当なら誰かと結婚したかったと思っている人もいるのが実情でしょう。理想は、「20代で人生最大の失恋を経験しよう」なんて言いたいものです。しかし、現代は**非婚社会**といわれるほど、**結婚そのものが難しい時代**であることを知っておいてほしいのです。

私自身も、36歳のときに運よく結婚できただけで、ずっと独身の可能性もありました。決して簡単に結婚できたわけではなく、苦労したと思います。20代のころに戻れるなら、当時から結婚のヴィジョンをしっかりと持ち、結婚することの難しさを理解して、少しずつ環境を整えていったと思います。では、なぜ結婚するのが難しくなったのか、本当に結婚するのが難しくなったのかを見ていこうと思います。

■ 50年前の生涯未婚率はたったの2〜3％

先ほど、昔は多くの人が結婚する時代だったと説明しました。生涯未婚率というデータで見ると、**50年前の生涯未婚率は男性は1.7％、女性は3.33％だった**そうです（国立社会保障・人口問題研究所 人口統計資料集より 2020年現在）。すなわち、100人いたらそのうち結婚しなかったのは、2、3人しかいなかったということになります。**生涯未婚率とは、50歳時点で結婚経験のない人の割合を示す言葉**です。50歳以降で結婚する人もいますがごく少数であり、50歳までに結婚をしていないと、生涯独身で過ごすと予想されるのでしょう。

■ 現代の生涯未婚率は、男性が28・25%、女性が17・81%

50年前には、2〜3%程度の生涯未婚率だったのが、**現代では男性が28・25%、女性が17・81%**になっています（国立社会保障・人口問題研究所 人口統計資料集より 2020年現在）。いわば、男性の10人に2・8人、すなわち**約4人に一人が結婚しない**計算になります。一方で、女性が10人に1・7人、すなわち約5人に一人が結婚しない計算になります。

100人いたら98人が結婚していた時代から、男性は100人いても72人、女性は100人いても83人程度しか結婚しない時代になりました。そして、今後もこの非婚社会ともいうべき傾向は続くことになります。**2030年には男性の3人に一人、女性の4人に一人が結婚しない時代が到来する**という試算もあるようです。

では、そもそも結婚にはどのようなメリット、デメリットがあるのでしょうか。

■結婚のメリット

結婚のメリット、デメリットは人によって異なるでしょう。これから挙げるメリットは、一般論に加えて私の主観も織り交ぜています。私自身が結婚して本当によかったと思えるのは、やはり**孤独感が解消されること**だと思います。さまざまな困難を乗り越えてきて、精神的に強いつもりでいても、**孤独ほどつらいものはありません。結婚して一人の人生から二人の人生になったことで、他には代えがたい安心感や幸福感を手にすることができました。**

独身時代も長かったので、当時の心境を振り返ってみます。家に帰ってもいつも一人で、話し相手や、愚痴《ぐち》をこぼす相手もいません。仕事でどれほど注目を浴びても、どれだけの成果を上げても、いくらお金を稼いでも、むなしさばかりがつのる時期もありました。仕事で稼いだお金で、ブランド品を買ったり、海外旅行をしたりしたところで、自分の年齢ならば、本来は家族にお金を使うべきなんだよなと、一種の自己嫌悪にかられたこともありました。

結婚して家族ができたことで、納得のいくお金の使い道ができました。仕事以外に自分を支える軸ができて、**精神的な安定**を手にすることができました。

■孤独は1日15本の喫煙と同じくらい寿命を縮める

2010年に、社会的なつながりと健康リスクとの関連性に関する研究が発表されました。それによると、「**孤独」はタバコに匹敵するくらいの健康リスクがある**と見積もられたそうです。ある研究によると、社会的に孤立している人は、毎週適度な運動をしたり、野菜や果物を食べる確率が低く、タバコを吸う傾向が強いそうです。孤独が不健康なライフスタイルを誘発することに加えて、精神的にも追いつめられていくのでしょう。

私自身、20代は、周りもみな独身で、遊ぶ友達が不足することはありませんでした。30代前半から中盤へと進むにつれて、家庭を持つ人が増えていきました。その結果、**遊ぶ友達がどんどん減っていき、孤独感が強くなっていった**のを覚えています。

結婚のみならず、事実婚という形でも、人生のパートナーがいることは、**孤独を避けら**

れるという点で、大きなメリットをもたらしてくれることでしょう。結婚という形式はとらなくても、**一緒に人生を歩む人はいたほうがよい**という意見も耳にしたことがあります。

■ 結婚のデメリット

では、続いて結婚のデメリットも見ていきましょう。結婚のデメリットはといわれると、やはり自由がなくなることが挙げられるかと思います。結婚していながら、別の異性と関係を持ったり、毎晩飲み歩いたりするような、自由な生活は改めなければいけません。**相手を尊重して、相手が嫌がることはやめて、相手に合わせる必要**が生まれます。

だから、ずっと遊び続けたい、自分の思うままに生きたい、誰かに合わせる人生は送りたくないと思う人は、独身のままでいたほうが、そういった願望を満たすことは容易でしょう。一方で、そういった自由よりも、誰かと一緒に生きる人生を望む人は、結婚をするとよいと思われます。

■プラスに目を向けることは、どんな場面でも重要になる

ここまで結婚のメリット、デメリットを挙げてきました。個人の嗜好によりますが、**マイナスよりプラスに目を向けることは、どんな場面でも重要だ**と思います。**自由というのはある一定の年齢まではとても嬉しいのですが、ある段階を超えると、かえってマイナスに転じることがあります。**自由にお金を使える、自由に時間を使える、自由に遊べる、こういった自由はすべて諸刃《もろは》の剣《つるぎ》です。好き放題にお金を浪費して、時間を無駄に過ごすことに、何の意義も見いだせなくなる瞬間がやってきます。

そんなときに、**誰かとともに人生を歩めること、最も恐ろしい孤独感から解放されること、それをもたらしてくれる結婚は、やっぱりすてきなことだ**と思います。結婚してからも、何の問題も浮上しないという家庭はありません。それでも、一緒に生きてくれるパートナーの存在に感謝して、今ある幸せに気づく力は大切にしたいものです。

まとめ

現代は、結婚するのが難しい時代になっていることを知っておこう。結婚は、自由がなくなるという見方もあるけれど、孤独が解消されて、心に安らぎや安心感を与えてくれるもの。

その5 恋愛と結婚は別物

現代社会において結婚が難しくなった要因はさまざまですが、よくいわれるもののなかでは、**収入が低いこと**が挙げられるでしょう。確かに、稼ぎが少ないと、自分だけで手一杯で家族を養う気になどならないという事情はあることでしょう。

しかし、以前と違って、**共働き全盛の時代なので、一人だけではなく、二人合わせての収入を計算できる**はずです。さらに、その昔はもっと貧しい経済状況でも、子どもをたくさん産んで育てていた時代がありました。ならば、稼ぎの少ないことだけが結婚をしない理由にはならないはずです。私の周りを見渡しても、収入が少ないことが必ずしも結婚しないことを招いているわけではないと思います。現代の結婚を難しくしてしまう、その他の要因を見ていきましょう。

■結婚には適齢期がある

これは昔からいわれている話ですが、結婚には、自身の年齢が関係してきます。それぞれ思うところはあるでしょうが、この現実を知っておいて損はないはずです。**現代での平均初婚年齢は2020年の統計で、夫31・0歳で、妻は29・4歳となっています**（男女共同参画局ＨＰより２０２０年現在）。**この時期が、人によっては、仕事で大きな挑戦をしたい、あるいはプライベートでまだまだ遊びたい年齢と重なっているの**も、難しい事情の１つといえるでしょう。

しかし、覚えておいてほしいのが、男女ともに**35歳以降は結婚がどんどん難しくなる**という現実です。総務省の２０２０年国勢調査の結果では、30～34歳の女性が結婚する確率が12・３％だったのに対し、35～39歳では４・９％まで減ることがわかりました。

他には、どんなことが結婚をしなくなった理由として挙げられるでしょうか。複数ある要因の１つとして、**従来のお見合い結婚主流の時代から、恋愛結婚が主流の時代に変わっ**

たからという事情が挙げられるでしょう。確かに、私も20代から30歳くらいまでは、「お見合いなんかやってられるか。自分は恋愛して好きになった人と結婚する」と息巻いていた気がします。では、恋愛結婚が本当によいもので、明るい未来を約束してくれるものなのかを考察していきたいと思います。

■ 恋愛結婚のメリット

現在主流となっている恋愛結婚のメリットは、**やはり自分で決めた好きな人と生涯をともにする結婚ができる**ことでしょう。映画、ドラマ、小説などで描かれるようなロマンティックなストーリーには、誰しもあこがれるものです。親からの紹介ではなくて、自分で選んだ相手と結婚できることも、大きな喜びになるでしょう。このように、一見するとメリットばかりに目がいく恋愛結婚ですが、じつは欠点もあります。

■ 恋愛結婚のデメリット

恋愛は、好きな気持ちが続く間は、とてもよいものです。相手と連絡をとり合ったり、デートをしたりして、まさに天にも昇るような気持ちが続きます。しかし、恋愛というのは、ずっと最初の気持ちを維持できるほど簡単にはいきません。ケンカをしたり、相手に嫌なことをされたり、どうしても許せないことが起こったりします。そういったときにどうすればよいかというと、相手に別れを切り出して、付き合いを解消すればよいのです。

しかし、結婚となるとそうはいきません。別れを切り出しても、相手の合意を得られなければ、簡単に別れることはできません。相手の合意を得られても、離婚手続きをして、財産分与や、子どもがいる場合は親権をどちらが持つかを、双方に弁護士を立てて協議しなければいけません。ここまで見てくればおわかりのように、**恋愛と結婚はそもそも違うものなのです。**

簡単にいうと、**恋愛は嫌になったら別れればよいのですが、**一方で**結婚は嫌になっても簡単には別れられません。**だからこそ、**恋愛と結婚を混同している現代社会では、離婚率がとても高くなってしまう**のです。恋愛の延長線上で結婚をとらえていると、嫌になったら別れればよいという図式がそのまま当てはまってしまいます。

■3組に1組が離婚する時代？

現代では、「3組に1組が離婚する時代」といわれています。しかし、そもそもこのデータは本当に正しいのでしょうか。あくまで私の肌感ですが、さすがに3組に1組は言いすぎではないかと思います。ここまで悲観的なデータを出されると、離婚するくらいなら、結婚しないほうがましだとなってしまうでしょう。私の周りにも離婚している人はいますが、あくまで一部であり、3組に1組が離婚するということはないと思います。

■その年の離婚件数を婚姻件数で割った数が3組に1組

じつは、この3組に1組という表現が生まれたのは、その年の離婚数の19万人を、その年の婚姻数の59万人で割って出したことが始まりとされます。いわゆる特殊離婚率といわれるものです。察しのよい方はおわかりのとおり、**離婚者は必ずしもその年に結婚したわけではないので、分母と並べる分子がおかしい**とわかります。

■ 実際の離婚率は、1・47人（人口1000人中）

実際の離婚率は、何組に1組という割合では示されていませんが、1000人中1・47人だそうです（厚生労働省 人口動態統計月報年計より 2022年現在）。これも、**結婚していない人も分母に含めているので、実態を理解する正確なデータとはなりません。**しかし、少なくとも3組に1組が離婚しているわけではありません。私の周囲を見渡しても、離婚するのがふつうということはないので、結婚に希望を持ってください。何組に1組という正確なデータは出ていないそうです。

■ 恋愛の苦手な人が結婚できない社会になってしまう

恋愛結婚のデメリットをもう1つ挙げると、現代のように恋愛結婚をベースとしてしまうと、そもそも**恋愛の苦手な人が結婚するのが難しくなってしまいます。**勉強やスポーツと同様に、恋愛も得意不得意があるものです。中学、高校のときから、クラスの全員に恋人がいたわけではありません。大学生になると恋人ができる割合も増えますが、それでも、全員に恋人が簡単にできるわけではありません。恋愛と結婚は別物だという意識を持つほうが、いろいろとメリットが生まれると思います。

■お見合い結婚のほうがよいのか？

では、恋愛と結婚は違う、それから恋愛結婚が離婚につながりやすいという欠点を抱えているなら、昔のお見合い結婚がよいのかというと、そんな簡単な話ではありません。お見合い結婚の中には、**本人の意思が考慮されずに、家と家という別の概念で結婚が決まっている**こともありました。では、どういった結婚が現代において現実的なのでしょうか。

■入り口は恋愛でも、結婚と恋愛は別のものと意識する

あくまで理想論ですが、**入り口は恋愛でも、結婚と恋愛とは別のものだと意識する**のがよいかと思います。すなわち、**入り口は好きで恋愛をしていても、結婚は一生のものだから、好きであること以外に、人生をともにしていくという覚悟を持つとよい**と思います。

一生をともにするという点では、一定の価値観が共通していることが必要でしょう。

そして、**一度結婚を決めたなら、好き嫌いを超えた視点を持って相手と接するとよい**と

思います。もちろん、離婚することを絶対に否定しているわけではありません。離婚することで、より良い人生になった人もたくさん知っています。けれども、可能ならば、**せっかく好きな気持ちを持って結婚したのですから、その婚姻関係が長く続くにこしたことはないはず**です。

■ 異性にもてなくても、たった一人の理解者と人生を歩めればよい

異性にもてたほうが結婚しやすい側面はあるでしょう。しかし、前述したように恋愛と結婚は違います。たとえ恋愛下手であっても、**たった一人の理解者とめぐり合えたら、その人と結婚して生涯その絆を大切にすればよい**のです。美男美女だから結婚できるわけではありません。自分を客観視して、自分と相性の合う相手を見極めます。独りよがりの生き方を改めて、誰かを思いやる気持ちを育んでいきます。

まとめ

恋愛と結婚は別物だと知っておこう。恋愛は嫌になったら別れればよい。結婚は単なる好き嫌いを超えて、相手のことを思う気持ちが大切になる。

その6 結婚に近づく8つのコツとは？

さまざまな事情により、結婚しないと決めた人にとっては、不要な説明となるので、第3章に進んでください。

「その6」では、**結婚に近づく8つのコツ**を紹介していきます。私自身も、決して簡単に結婚できたわけではありません。35を過ぎて、もうずっと一人かと覚悟を決めていた矢先の結婚でした。ただ、簡単には結婚できなかったからこそ、お伝えできる点がいくつかあると思います。これらをすべてクリアすれば、絶対に結婚できるなどというものではありません。しかし、8つすべてをクリアすれば、以前よりは必ず結婚へと近づいていることでしょう。

① 一人暮らしをする

結婚以外にも多くのメリットがありますが、まずは**20代のうちに親元から離れて一人暮**

らしをすることをおすすめします。いろいろな家庭の事情があるとは思いますが、20代は親から離れて自立するチャンスになります。この時期を逃してしまうと、親の健康問題などで、実家を出るタイミングを失ってしまいます。男女問わず、30歳で実家暮らしというだけで、親から自立していないという点でマイナスに映る可能性があります。

実家暮らしというだけで、あなたの人間的魅力や男性、女性としての魅力を減らしてしまうのは、とてももったいないことです。まずは生まれ育った実家を出ることを目標とします。

②　自分を客観視する

親から離れることで、自分の実像に気づいて、客観視ができるようになります。自分を客観視するのも重要で、**自分を過大評価しているうちは、結婚からは遠いままです。**我が身を振り返らずに、相手への理想ばかりが膨らんでは、結婚はなかなか実現できないことになるでしょう。いっときのもてた経験をいつまでも引きずって、自分を過大評価してはいけません。今の時点で恋人がいないなら、それがあなたの現実なのです。

とくに、**自分はリーダーシップをとりたいタイプなのか、フォロワーシップに秀でた人間なのかを見極めます。**そこすら理解できていないと、相手があって成り立つ恋愛も結婚もうまくいきません。まずは、親から自立することで、自分の実像を理解して、己を知ることが大事になります。

③ 会社に正社員で就職する

私も非正規で働いていた時期もあったので、**正社員でないと人間関係が希薄でいかに出会いがないか、結婚には不向きなのか**を知っています。収入も不安定、かつ低収入のことが多く、苦しい状況が続きます。

だから、**20代で一度は正社員をめざしてみてください。**とくに、大学や専門学校を卒業するタイミングがチャンスです。その昔は「新卒は金の卵」といわれて、会社に重宝されました。そこで広がる人脈や、経済的安定感は必ず結婚のご縁を引き寄せます。実際に、私が勤めていた会社でも、職場内での同僚や先輩後輩の結婚はたくさん目にしてきました。独立志向があっても、いったんは正社員として会社に就職することをおすすめします。

④ 自分の年齢を意識して行動に移す

すでに紹介したように、望むと望まないとにかかわらず、結婚には自分の年齢がかかわってきます。私たちの世代は、年齢をまったく意識せずに自由に生きていたら、婚期を逃してずっと一人になってしまうことが少なからずありました。一方で、私たちより上の世代では、そもそも**20代半ばで結婚して、30歳を迎える前には一人子どもを産むというイメージ**で動いていた人が多かったようです。そういった方は、幸か不幸かは別にして、結婚している人が多いように思えます。

だから、30歳前後で恋人がいたら、基本的には結婚を意識するとよいと思います。浮気癖があったり、借金をしていたり、犯罪行為に手を染めたりするような相手はやめたほうがよいでしょう。しかし、**異性との付き合いでは相手を許容することが何より大事**です。今お付き合いしている人がいるなら、「**もっとよい人などいない**」と思って、**今のご縁を大切にする**とよいでしょう。

⑤ 自分から動いてみる

人によってはハードルがとても高くなるでしょう。けれども、結婚のみならず、**受け身でよくなる人生などありません。**現状を変えたいのなら、自分から動くしかありません。積極的に出会いを求めて、異性が集う場所に顔を出します。飲み会や合コンの誘いには積極的に参加します。**異性とのコミュニケーションには慣れが必要**です。最初は誰しも緊張しますが、毎日少しでよいので、異性とコミュニケーションをとってみてください。少しずつ異性が好きなこと、嫌うことがわかってくるはずです。

⑥ 恋愛・お見合いアプリを使う

現代での出会いの主流となっているようなので、恋愛・結婚ともに、ぜひ活用してみるとよいでしょう。私の友人でも、30代後半で結婚した人がいますが、お見合いアプリを使って結婚できたようです。

最初から結婚を望んでいる男女が、それぞれに求める条件を提示したうえでの出会いはとても良いものだと思います。希望の年収や、お酒・タバコをやらなかったり、旅行などの趣味が共通したりしていると、その後の結婚生活もうまくいく可能性が高くなります。
もちろん、アプリに頼らなくても、恋人ができて、結婚できるようならば、使わなくても問題ありません。

⑦恋愛潔癖症にならない

恋愛・結婚をうまく実現する重要なコツの１つです。私自身にもおおいに当てはまる点はありましたが、**恋愛潔癖症**は、結婚を遠ざける大きな要因の１つになってしまいます。
ここでの**恋愛潔癖症**とは、**異性に高い理想を求めてしまうこと**をいいます。容姿や能力のみならず、性格や学歴、年収など、求めたらきりがなくなります。

結婚がなかなかできない人の言い分で、「**そんなに高い理想を求めているつもりはないんだけど**」ということをよく耳にします。しかし、そんな人に限って、高い理想を異性に求めてしまいがちです。

もちろん、お互いに浮気をしない、借金をしない、犯罪にかかわることをしない、こういったことを相手に求めることは問題ありません。しかし、男性が思う正しさと女性が思う正しさは、ときに異なることも多いものです。**自分の正しさがすべてと思い込んで相手に求めているうちは、誰と付き合っても結婚してもうまくいきません。相手を理解すること、許容することは、恋愛にしろ結婚にしろ、最も重要なものになる**ことを覚えておいてください。

⑧ 自分と相性の合うタイプを見極める

最後の⑧は、②と相通じるものになります。**自分を客観視して、自分と相性の合うタイプを見極めます。**たとえば、過去の私は異性に求める条件に、**自立していること**を挙げていました。しかし、私自身がそもそも自立心の強いタイプです。自立心が強いタイプが二人でともに生きていくことは可能でしょうか。そうです、たいていは自立心の強いタイプが二人そろうと衝突が絶えないもので、そもそも相性がよくありません。

自立心の強いタイプには、依存心の強いタイプが、相性がよいのです。依存心が強いタイプには、自立心の強いタイプが、相性が合います。自分がリーダーシップをとりたいか、相手にとってもらいたいかを見極めます。**自分がリーダーシップをとりたいなら、相**

手にはフォロワーシップをとるのが上手な人を選びます。一方で、**自分が相手の決断に合わせることを望むなら、リーダーシップがとれる人を選びます。**

まずは、自分がリーダー型かフォロワー型かを見極めます。リーダー型なら、フォロワー型の相手を求める。フォロワー型なら、リーダー型の相手を求める。そうやって、**自分の気持ちばかりに固執するのではなく、視点を自分から切り離して、相手に目を向けることは重要**なことです。

今まで紹介した8つのコツは、①、③、④、⑤、⑥**は物理的なもの**なので、実行に移すのは、他のものより比較的簡単でしょう。一方で、②、⑦、⑧**は内面に関するもの**なので、実行に移すのはハードルが上がります。しかし、**自分を客観視**して、**相手の言動を許容**すること、**自分との相性を考えられるようになること**は、恋愛や結婚以外にも、多くの成長をあなたにもたらしてくれることでしょう。

■一人で生きるために生まれてきた人などいない

これは、私の長く続いた独身時代から、結婚して妻と二人でいたときに、ふと抱いた感情です。**今一人であっても、ずっと一人で生きるために生まれてきた人などいないはずです。**何かにこだわりを持って生きることは、誰しもあるかもしれません。**しかし、そのこだわりが原因で、自分を孤立させてしまっているのなら、それをいつまでも手放さないでいるのは得策とはいえません。**そのこだわりで得しているのは、自分の小さな自己満足でしかないはずです。自分の小さなこだわりが本当に大事なものなのかを見極めて、手放せるなら手放してみましょう。そうして、**小さなこだわりから解放された人のほうが、ずっと魅力的に映るはずです。**恋愛や結婚の一番の敵は、自分のつまらないこだわりなはずです。そんなもののために、自分の望まない人生にならないように、心がけてみてください。

まとめ

結婚する8つの秘訣とは、一人暮らしをして、自分を客観視すること。正社員で就職すること。結婚適齢期を意識して、自分から動いて、アプリを使用すること。恋愛潔癖症にならないこと。最後が自分と相性の合うタイプを見極めること。「一人で生きていくために生まれてきた人などいない」と理解して、自分の小さなこだわりを手放してみよう。

20代の悩み
Q&A

2

異性と話すのが苦手です。

異性と話すのが苦手な人は多いことでしょう。**私もずっと苦手でした。**小学校、中学校、高校と共学にもかかわらず、異性とは全然口がきけませんでした。目もまともに合わせることができずに、高校を卒業しました。上京して、大学に入学するタイミングで、このままではいけないと一念発起して、異性とまともに話せるようになったと思います。

異性とのコミュニケーションは、P.54でも紹介したように「**慣れの問題**」です。慣れたら話すことはできるし、慣れていないとうまく話せません。**異性と上手に話せるかどうかは、今までの学校が共学かそうでないかに家族構成の問題、大きく左右されます。**異性の兄弟姉妹がいれば、異性とのコミュニケーションは得意になるし、同性の兄弟姉妹だと異性とのコミュニケーションは苦手になることがあります。異性の親との関係にも影響を受けるでしょう。慣れないうちは、誰しも異性とコミュニケーションをとることは緊張するものです。

そうとわかったら、今日から少しずつでよいので、異性とコミュニケーションをとってみてください。**簡単な挨拶ができたら、大きな前進**です。あとは、それを繰り返すうちに、必ず異性と上手にコミュニケーションがとれるようになるでしょう。

第3章

20代で身につけるべき価値観

その7

半面の真実

「半面の真実」とは、イギリスの数学者、哲学者であるアルフレッド・ノース・ホワイトヘッド（1861－1947）の言葉です。これを理解するには、まずは球体を想像してください。そのうち、自分から見えている部分は、その球体の半分にすぎず、**向こう側の半分は自分には見えていない**ことを理解します。すると、**今自分が絶対的だと思っている物事も、自分には見えないもう半分が存在していること**に気づきます。この現実を知っておくと、自分の判断に過剰な自信を抱くことを避けることもできるでしょう。

■「我々障碍者《しょうがいしゃ》にとって、自立とは複数の依存先を見つけること」

ベストセラーになった『五体不満足』（講談社）を書かれた、乙武洋匡《おとたけひろただ》さんの言葉です。これをはじめて見たとき、頭をガンと殴られたような衝撃を受けた覚えがあります。今でも、20代で生まれた家を出て、一人暮らしを始めたほうがよいという考えに変わりはありません。しかし、それをすべての人に当てはめるのは一面的な考えで、そもそも**誰かのサポートを一生必要とする人もいます。**自分の考えが、いかに一面的で浅はかだったのかと痛感させられた瞬間でした。

■ 自分のほうからは見えない場所があることを知る

この章の冒頭に述べた球体のイメージができたら、これからは常に**自分の側からは見えない部分があることを意識します。**そうして、意見が分かれる、あるいは反対の意見を有する人に対しても、その人の立場や環境を想像して理解します。その姿勢があれば、反対意見を持つ人を毛嫌いすることや、頭ごなしに叱り飛ばすようなことを避けることができます。

■ 上司の立場を想像する

たとえば、20代で抱く大きな不満の代表例としては、上司への不満でしょう。私も恥ずかしながら、20代のころは従順な部下とはいいがたく、ことあるごとに反発や身勝手な行動を繰り返していました。しかし、管理職になってみると、今までと見える景色が変わってきます。出席しなければいけない会議が増えて、目を通さなければいけないメールが一気に増えます。何よりも、上司であれば、年齢を重ねている人が多いので、結婚している、あるいは子どもが生まれて家族を持っている人も多いことでしょう。

独身時代の「いつでも会社を辞めてやる」といった姿勢は、それはそれでよいのですが、その姿勢をみんなに当てはめて考えるのは問題です。家族を養わなければいけない人の立場を想像して、理解を示すようにしてください。**そのときの思いやりは、いつかあなたが家族を持ったときにも、周囲からかけてもらえる優しさにつながる**ことでしょう。

■恋人の気持ちを想像する

この「半面の真実」という考えは、恋愛・結婚にも当然役立てることができます。自分からは見えていない、相手にしか見えない領域を想像します。何より、**恋愛で付き合う相手にしろ、結婚した相手にしろ、自分とは育った環境がまるで違う**のです。家族の数だけ環境が異なり、同じような環境など存在しません。相手とたくさんコミュニケーションをとり、生まれた境遇、現在置かれている環境に理解を示します。そうして、**自分と異なる考えや価値観に理解を示します。**20代から、こうした姿勢でパートナーとコミュニケーションをとっていくことが、必ずや20代以降のパートナーとの関係に役立つことでしょう。

まとめ

「半面の真実」を知っておこう。球体を想像して、自分には物事の半分しか見えておらず、相手側だけが見えている残りの半分の存在を知っておこう。家庭を持つ人や、恋人のような、自分と異なる環境の人に想像力を働かせられるようになろう。

その8

与える量と受けとる量は比例する

「**与える量と受けとる量は比例する**」このことも20代のうちに知っておくべき価値観の1つでしょう。独りよがりな生き方や考え方をしていると、常に「自分はこれだけやっているのに……」と不満ばかり抱きがちです。そうした考え方では、会社に対しても、恋人に対しても、うまくいかなくなってしまいます。では、たとえば会社に対して、どれだけの貢献をすれば、自分の満足のいく待遇が返ってくるのでしょうか。

■ 給料の10倍の売り上げをめざす

私が会社員のときは、**自分の給料の10倍の売り上げを目標に仕事をしていました。**たとえば、年収で500万円を会社からもらっていたら、売り上げで5000万円をめざします。もちろん、営業職のような直接の売り上げで評価できない仕事もありますが、ここでは考慮に入れずに進めさせていただきます。ほとんどの職種で、この給料×10倍の売り上げを達成すると、それなりの規模のグループでも、トップで表彰されることがあります。そうすると、自ずと給料が上がっていき、役職も上がっていく好循環が生まれます。

■ 給料の10倍の売り上げを達成しても評価されない場合は？

理想は、今の職場から、給料のアップや役職のアップを期待したいところです。もっとも、給料のアップや役職のアップは、そもそも所属する会社の業績がよくなければかないません。会社の業績が赤字なのに、自分の給料だけ上がるというわけにはいかないのです。会社が規模を大きくしていくさなかでないと、自分の役職が上がっていくというわけにもいきません。

■ 与える量と受けとる量のバランスが崩れた場合は、別の扉が開かれる

理想は今の職場で待遇がアップすることですが、それがかなわない場合は、別の扉が開かれます。すなわち、**今の職場とは別の職場で働くチャンスが舞い込む**ことがあります。それは、転職という形にも、独立という形になることもあります。これは、私自身が実際

に経験した出来事です。最初に勤めていた会社での最後の数年は、給料の10倍の売り上げを達成していました。それ以外にも、職場の不合理なシステムを改善して、年次が浅い職員に仕事を教えて、働く動機づけも与えられていたと思います。

もちろん、当時勤めていた会社で待遇アップをしてもらうのが理想でした。しかし、会社自体の業績が振るわないことや、上司との関係は必ずしも良いものとはいえませんでした。そのときに舞い込んできた話が、**リクルート社からのスタディサプリという事業の立ち上げへの参画、そしてスタディサプリ講師の仕事の依頼だった**のです。

だから、自分は評価されていないと腐ったり、上司の文句を言ったりする前に、まずは自分にできることに目を向けてみます。わかりやすい例でいうと、給料の10倍の売り上げをめざします。そうすれば、その職場でのさらに良い待遇や、別の職場での新しい世界が開かれることがあります。そこで身につけた自分の実力は、生涯自分を支える大切な力になることでしょう。

■異性との関係でも、与える量と受けとる量は比例する

ここまでは、仕事の話で「与える量と受けとる量は比例する」という法則を説明してきました。**この法則は異性との関係でも当てはまります。**何も相手に対して、ひたすらプレゼントを与えろといっているわけではありません。異性との関係においては、あくまで相手が望んでいる場合において、この与えるという行為は意味を持ちます。プレゼントというのは、相手によって期待する量も物も異なります。独りよがりのプレゼントは、かえって相手にとってマイナスになってしまいます。サプライズのプレゼントを好まない相手もいます。

■愛情・誠意を尽くした相手にフラれた場合は損をするか？

たとえば、相手のことが大好きで、愛情と誠意を尽くしたにもかかわらずフラれたとします。相手に理不尽なことばかりされて苦しんだ経験のある人もいるでしょう。この場合も仕事と同じです。もし、**あなたにほとんど非がない場合は、そこでフラれても別の扉が**

開かれます。すなわち、別のパートナーとのご縁に恵まれます。**もっと良縁の相手と引き合わせてくれることもあります。**

■ 恋人が途切れないとっておきのコツ

本書は恋愛指南書ではありませんが、**恋人が途切れないとっておきのコツ**をお伝えします。それは、**一度恋人ができたら自分から別れを切り出さないこと**です。もちろん、相手が犯罪行為や暴力、浮気などをした場合など、別れを切り出すべきときはあります。しかし、**そうした不法行為以外は、一度好きになった相手なのだから、できる限り許容していきましょう。人と付き合うとは、すなわち相手を許容すること**、これ以上に大切なことはありません。それにしびれを切らして自分から別れを切り出してしまうと、自分の根負けなのです。

恋愛では、先に挙げたような行為がない場合は、**別れを切り出したほうが、その後の恋愛運は確実に下がっていきます。**相手をふるという行為は、恋愛の主導権を握っているようでいて、**自分の身勝手さや忍耐力のなさを投影した行為**にあたります。**恋人とケンカし**

ても、相手の気持ちを理解して仲直りする、そうした気持ちの切り替えは、その後の結婚生活などにも生きてきます。

自分にさほど非がないにもかかわらずフラれてしまった場合は、むしろあなたの恋愛運は上がるものと思ってください。誠実に生きていれば、きっと近い将来に良縁を引き寄せてくれるでしょう。

まとめ

「与える量と受けとる量は比例する」ことを覚えておこう。仕事でも恋愛でも、大事なのは見返りを求めず、相手に与えること。たとえ、与えた相手から返ってこなくても、別の扉が開かれることを覚えておこう。

その9

成功より成長をめざす

20代で覚えておきたい姿勢として「**成功より成長をめざす**」ことをおすすめします。誰しも成功したいという思いはどこかにあるでしょう。しかし、成功には不可欠な条件が1つだけあります。それは、「**失敗すること**」です。失敗は成功のもとというように、私の周りの成功者と思われる方も、失敗をたくさんしています。彼らは、**それ以上に挑戦して成功を手にしている**のです。

■ 失敗のとらえ方を変える

私も20代は失敗続きでした。しかし、すべての挑戦を全力でやったからこそ、**その挑戦と失敗のあとには、毎回ある種の手ごたえというか、確信がありました。全力を尽くしたあとの失敗は、自分の甘さや欠点に気づかせてくれて、毎回確かな成長を自分に与えてくれていたのです。**

もちろん、挑戦に失敗して、悔しさやらむなしさやらで涙を流したこともありました。しかし、失敗したことで自分の適性に気づき、少しずつ良い方向へと進んでいる感覚もありました。「失敗」というのは、恐ろしいもののようにいわれるけれど、じつは**成功への過程なのではないか**と気づき始めたころでもありました。

■ 成功か失敗かの視点ではなく、成長か停滞かの視点で考える

20代で考えるべきことは、うまくいくかいかないかではありません。**それをやることで、成長できるか否か**を考えるのです。**すべての失敗は成功への過程**で、それを経験するごとに成長をもたらしてくれます。挑戦を続けるたびに成長して、気づいたら、世間でいう「成功」に導いてくれます。それをやることで成功するか失敗するかという視点ではなく、**それをやることで成長するか、やらなかったら停滞するか**という視点で考えてみてください。

■ スタディサプリ講師としての挑戦は、何よりも成長したかったから

振り返ると、私のキャリアの最大の分岐点となるスタディサプリの事業の立ち上げ、そしてスタディサプリ講師としての挑戦は、まさに「**成長を求めて**」という思いが強かったように思えます。

スタディサプリの前に所属していた予備校では、5年間正社員として在籍していました。戦いの5年間だったわけですが、スタートからの3年目、4年目に比べると、5年目は、自分に敵対する存在がほとんどいなくなったような状態でした。自分でいうのもなんですが、生徒からの人望、周囲の講師陣からの信頼といい、それまでの4年間と比べると、驚くほど味方に囲まれた状態へと変わっていました。

自分はこんなところで終わる人間ではない。何より成功するのがわかりきった未来を迎えたくない。今までの成功を一度オールリセットして、自分のことを誰も知らない世界でゼロから挑戦したい。こういった思いが、会社を辞める方向へと進ませてくれました。

■当初与えられた時間は2年間

今でこそ、高校生の教育サービスとしては、日本国内でも最大級の規模を誇るスタディサプリですが、当初私に与えられた時間は2年間でした。その期限内に結果を出さないと、仕事はまたゼロに戻ります。けれど、たとえ2年間であっても、ゼロからオンライン予備校を立ち上げて、テキストをつくり、みずから動画授業を行う経験は、**他の何にもまして自分を成長させてくれるはずだ。**そのことだけは確信がありました。

■挑戦の後押しを人に求めない

何かに挑戦するときに、それを誰かに打ち明ける人がいると思います。背中を押してほしくて挑戦を打ち明けますが、あまりおすすめしません。なぜなら、**多くの人が、その挑戦を止めようとするからです。**

ここで覚えておいてほしいのが、**人は嫉妬する生き物だということです。**挑戦をしている人には、常に可能性が生まれます。その可能性に嫉妬するのです。**唯一応援してくれる人は、みずからも挑戦を続けている人**です。挑戦を続けるというのは、文字にすると簡単ですが、実際にそれを行動に移すことは大変なので、そうした人はあまりいないのが実情です。だから、やると決めたら自分で決断して、行動に移すことをおすすめします。

■ 異性との関係にも当てはまる

じつは、この「**成功より成長を**」という姿勢は、異性との関係にも当てはまることがあります。異性との関係では、「**好きな人と付き合えるかどうか**」という視点でばかり見てしまいがちです。そして、告白してフラれることを必要以上に恐れてしまいます。

しかし、好きな思いは相手に伝えないと、何も始まりません。告白してダメだったら、次の異性に進めばよいのです。異性に告白するほど、気持ちを伝えるのが上手になります。そして、自分と相性の良い異性へと導いてくれます。

何も気持ちを伝えられないと、停滞してどこにも進めないままです。恋人がずっといる人ほど、好きな人へのアプローチの回数が多い傾向にあります。彼らは、告白してフラれることを恐れるのではなくて、告白して先に進むことを望むのです。その結果、フラれても次に進むことができるし、告白が成功したら念願がかないます。だから、**好きな相手に想いを告げるたびに自分が成長できていることを誇ってください。**

■ 笑うより笑われる

ここまで紹介した「成功より成長を」という考え方に似ていますが、少し見る角度が異なる考え方を紹介します。

中学生や高校生のときに、「学校の誰かが誰かに告白してフラれたんだって」といううわさ話で、よく盛り上がったことかと思います。私自身もそうでした。そして、その構図は大人になっても続きます。しかし、ここで1つ考えてみてください。**告白してフラれた人と、告白してフラれたのを笑っている人では、どちらが恋人のできる可能性が高いと思いますか？**

そうです。当然、**フラれたとしても告白している人間のほうが、恋人のできる可能性は高くなります**。誰かの失敗を笑う側に立ってしまうと、自分の可能性を減らしてしまいます。たとえ、1回失敗したとしても、笑われている側のほうがはるかに可能性にあふれているのです。

■「一億総批評家」の時代

今の時代は、いってしまうと「**一億総批評家**」というくらい、何かを批評する人間であふれています。ネットサイトは、匿名のコメントであふれかえっています。しかし、実名も出していない批判を含んだ批評はそもそも卑怯だし、何の価値も生み出しません。

■批評するより実践を

私がはじめて本を1冊書き上げたときに、SNSなども含めて、公の場で絶対に何かを批評しない、そう心に誓いました。本を1冊書き上げるのは、本当に大変なことです。それは書いたことがある人にしかわかりません。それを理解したとき、「**自分は絶対に批評**

する側には立たないこと、自分は表現する側で、批評するより実践しよう」と、そう誓いました。

ぜひ本書を読んでいるあなたも、何かを実践してみてください。一億総批評家というくらい、誰しも実践しないで手をこまねいているということは、チャンスでもあります。そして、笑う側に立たないで、笑われる側に立ってください。**可能性に満ちあふれているのは、いつだって笑われる側なのですから。**

まとめ

20代のうちに「成功より成長を」という姿勢をつくり上げよう。それをやったら成功するか失敗するかという視点ではなく、それをやったら成長するか、やらないことで停滞するかという視点で考えよう。笑うより笑われる側に回ること。

20代の悩み
Q&A

3 将来が漠然と不安です。

親から離れて自立して生きていくということは、常に不安との戦いになります。今まで親に守られていた状態から、**自分のことを自分で守れる**ようにならなければいけません。そして、将来が漠然と不安というのも、生きることの本質に近いものだと思います。

というのも、**生きることはそもそも不安定なもの**だからです。「一寸先は闇」といわれるように、明日のことは誰にもわかりません。だからこそ、今日を充実させることが大事になります。「その10」で紹介しますが「**今日を生きる**」ということを実践してみてください。明日のことなんて考えない。まだ起こっていないことをどうこう考えない。それは起こったときに考える。**大事なのは目の前の1日で、今日できることに必死に取り組んでみる。**

あるいは、「その31～33」で紹介するように、**今を忘れて没頭できるものを見つけること**をおすすめします。おもしろいドラマにはまる、おもしろい漫画・本に没頭する。こうして**時を忘れるほどの趣味に没頭している間は、将来の不安から解放されるでしょう。仕事にせよ趣味にせよ、今に没頭することで、不安感から解放される**ことを覚えておいてください。

第4章

20代の夢との向き合い方

その10 今日を生きる

その11 20代は2つ目の夢を見てもよいタイミング

その12 夢が見つからないときは、大企業・資格・留学を目標にする

20代の悩み Q＆A

④ どうしても1つ目の夢をあきらめきれず、苦しいです。

その10

今日を生きる

シリーズ前著『10代のきみに読んでほしい人生の教科書』（KADOKAWA）では、大きな夢を見ること、20年のヴィジョンを描くことをおすすめしました。大きな夢を抱くことは10代の特権で、その夢が大きいほど、成長度合いも大きくなります。ですが、20代では、そうした先を見る視点から切り替えて、**目の前のことに没頭すること**をおすすめします。

■ 過去を振り返らない

20代ともなれば、多かれ少なかれ失敗を重ねて、傷ついている人もいると思います。過去の思い出にはよいこともあるはずですが、それよりも**過去を断ち切って、これからのことに目を向けること**をおすすめします。理想は、過去のよい思い出だけを残しておくことですが、そううまくはいきません。**過去志向の人は、たいてい過去のトラウマに苦しめられます。**ふとした瞬間に過去のトラウマがフラッシュバックしてきます。だから、昔の友達とばかり付き合うのではなく、なじみのお店や、見慣れた風景から一歩踏み出して、別の世界に触れることをおすすめします。

■ 未来のこともあえて考えない

過去を振り返らないのなら、未来志向になればよいかというと、そういうわけでもありません。さきざきのヴィジョンをゆるく考えるならよいのですが、これもマイナス思考が入り込んでくる原因になることがあります。未来のことは定まっていない以上、不安定なので、不安な感情が入り込んできます。未来のことは誰にもわかりません。では、どうすればよいかというと、**目の前の現実にとことん没頭する**のです。

■ 今日を生きる

時間軸の置き方で一番おすすめなのが、今に集中することです。過去は振り返らず未来のことも考えない。あえて、**今日に集中して、今日やれることを精いっぱいやります。**大きなことを成すには、必死でがんばった1日を積み重ねていくこと、それ以外にありません。

■ 不安が消えていく

今日に集中するという考え方は、スタディサプリの立ち上げから2年間しかないという、ある意味で追いつめられた境遇から、達した考え方でもありました。新規事業だから数字の兆しが見えないと、当然事業からは撤退します。先のことを考えると、いつ事業が終わるのか、そんな不安感ばかりに襲われてしまいます。それよりも、今日に集中して、今日やれることに全力で取り組むこと。明日のことなんか考えないで、今に専念すること。そうやって**今日に集中することで、未来の不安感にさいなまれることはなくなりました。**

■ 心配事の9割は起こらない

『心配事の9割は起こらない』（三笠書房）とは、曹洞宗の住職である枡野俊明《ますのしゅんみょう》さんが書かれた本のタイトルです。枡野さんほど人生経験が豊富ではない私でも、同意できる内容で、実際に心配していたことがつぎつぎに起こることはありません。もちろん、耐えがたい苦しみや悲しい出来事が起こることはあります。しかし、そうしたことを憂い続けるのではなくて、**たいていのことは起こったときに考えればよい**のです。

■過去志向よりも未来志向よりも現在志向がおすすめ

過去から学ぶことも大事です。しかし、過去志向にとらわれていると、いつまでたってもトラウマに人生を支配されて、いろいろなことを許せない人間になってしまいます。

未来に夢を見ることも大事です。しかし、先のことばかり考えていると、いつまでたっても目の前のことに本気を出さずに、常に手抜きの生活を送ってしまいます。常に未来の不安感に襲われてしまいます。それよりも、今日に集中して、今やるべきことに全力で取り組んでください。そうした毎日を積み重ねれば、いつの間にか、以前の自分では考えられない場所に到達できることでしょう。

まとめ

過去を振り返ったり、未来のことばかりに目を向けたりするのではなく、今日に集中して、今やれることに全力で取り組もう。そうした毎日の積み重ねこそが、大きな夢をかなえることになると覚えておこう。

その
11

20代は2つ目の夢を見てもよいタイミング

10代で描いた夢がかなえられるなら、それにこしたことはありません。しかし、みんながみんな最初に見た夢をかなえられるわけではありません。夢が簡単にかなうほど、世の中は甘くありません。では、最初に見た夢がかなわなかったらどうすればよいのでしょうか。

■ 1つの夢を見てがんばれた人には、2つ目の夢が訪れる

夢を見てがんばることがとてもよいのは、その過程で自分を大きく成長させてくれるからです。1つの道でがんばった経験は、必ず他の道でも生きてきます。たとえば、美容師になって活躍したいと夢を見て、美容師の専門学校に入学します。専門学校を卒業して、美容師になって見習いがスタートします。2年、3年がんばっても、結果が出ない。自分には向いていないのではという思いにかられたとします。**最初の道で精いっぱいがんばって、それでもうまくいかないなら、進む方向を変えて、別の道に進めばよい**のです。

自分の適性を考える

そのときに覚えておいてほしいのが、**2つ目の夢は自分に合ったものを選ぶこと**です。1つ目の夢で、なぜうまくいかなかったのか。どんな点で、自分には向いていなかったのか。それを考えたうえで、次の夢を選びます。実際にやってみないとわからないことが多いので、最初の失敗は気にすることはありません。最初の挑戦のおかげで、自分の適性が見えてきたのだから、挑戦の意味は十分にあったと思ってください。

たとえば、美容師になりたいという夢がかなわなかった理由に、手先が不器用だったことが挙げられるかもしれません。ならば、次の夢は手先を使わない仕事を選びます。あるいは、学校の先生になろうと、大学在学中に、教職課程を履修したとします。いざ教育実習で教壇に立ったときに失敗して、自信をなくしてしまいます。人前で話すことが苦手で、克服もできないならば、人前で話をしない仕事を選びます。

自分の適性をどう見つけるか？

自分の適性の見つけ方は、**今までに自分が触れてきたなかで、得意だったものを選んでみてください。**たとえば、私の場合はいくつかの夢に打ち破れて、目の前に何もなくなった瞬間がありました。仕事もない、お金もない、友達もいない、恋人もいない、わけあって丸坊主にしていたので、髪もないということで、まさにないないづくしの時期でした。

そのときに唯一あったのが、教える仕事でした。**大学生のときにアルバイトで一生懸命がんばった仕事でした。**それに加えて、**慕ってくれた生徒も多かった**ので、また導かれるように教える仕事を始めることにしました。「教える仕事」は、1つの天職のように思えます。はじめから生徒に人気が出るような、いわゆる得意な仕事でした。こうして、**自分の「得意な」仕事に気づいてからは、それ以前よりかなりよい人生になった**と思います。

■ 好きなことと得意なことを見極める

自分の好きなこと、すなわちやりたいことと得意なことが重なっていれば、そんなにすばらしいことはありません。ぜひ、その仕事を続けていくとよいでしょう。しかし、やりたいとは思っても、いざやってみるとうまくいかない、自分に向いていないのではないかと思う。その場合は、**好きなことからいったん離れて、自分の得意なことをやってみてください。**そこで得られる評価や、顧客からの好反応は、何よりの仕事のモチベーションになるはずです。

■ 自分に得意なことなんてないのでは？

こういった悩みを持つ人もいると思います。そんな方は、これからアンテナを立てて、自分の得意分野を探します。過去、現在において、**人から褒められた記憶**を探します。あるいは、**誰かに喜ばれた記憶**を探します。そして、**自分が気づいたら時間を忘れて夢中になっていること**を探します。それを見つけたら、あとはそれに関係する仕事に就けるように進みます。私も何回も挫折をしながら、今の仕事に行きつきました。だから、**今何かにつまずいているあなたにも、必ずや輝ける世界があること**を覚えておいてください。

まとめ

20代は2つ目の夢を見てもよいとき。自分の得意分野を探そう。人から褒められたり、誰かに喜ばれたりした記憶、時間を忘れて夢中になっていることを探そう。今何かにつまずいていても、必ずや輝ける世界があることを覚えておこう。

その12 夢が見つからないときは、大企業・資格・留学を目標にする

「その10」「その11」と夢に対して語ってきました。今の段階で、とりたてて夢というものがない方は、**大企業に入社することを目標にする**のもよいと思います。私自身は、大企業というものには興味がなく、生涯かかわることはないだろうと思って生きてきました。30歳を超えたときに、スタディサプリのご縁でリクルート社と仕事をはじめてからは、以前の職業観が一変しました。

■ できるやつから辞めていく

「リクルート社の最大の強みは何か？」と聞かれると、本当にたくさんありますが、一番は「**できるやつから辞めていく**」という風習ではないかと思います。部長や役員にまで昇進しても、次なる挑戦を求めて会社を辞めていきます。だからこそ、他の企業でありがちな「老害」といった言葉は皆無です。社歴の長い人、年齢が上の人が役職を独占してい

て、若手の意欲の高い人が活躍できないといったことがありません。むしろ、**20代後半から30代前半が、最前線で仕事をする文化があります。**40歳を超えて残っている社員が珍しいという風土があります。

■ 会社を辞める覚悟をしている人こそ全力で仕事に取り組む

これは、あくまで私の意見ですが、**会社を辞める覚悟で働いている人こそ、仕事で良い成果を挙げられる**と思います。もちろん、嫌で会社を辞めるというのではなく「いつ辞めてもよい」という覚悟を持っているからこそ、**言うべきことを、立場に忖度《そんたく》せず発言します。**そして、**会社に依存せずに、辞める前提だからこそ、目の前の仕事から必死に学ぼうと取り組みます。辞める前提だからこそ、目の前の仕事を最後の仕事だと思い、全力で取り組みます。**ちょうど、同じ趣旨のことが、わびさんという方が書かれた『メンタルダウンで地獄を見た元エリート幹部自衛官が語る　この世を生き抜く最強の技術』（ダイヤモンド社）という本にもありました。

偶然ですが、私自身も、スタディサプリの仕事は「**毎年今年が最後になっても、1ミリの悔いも残さず働こう**」という気持ちで働いてきました。気づいたら10年以上リクルート社と継続的に仕事をしていました。

今は、以前とは社風も変わりましたが、スタディサプリの創業時には、そういった人がリクルート社にはたくさんいました。スタディサプリの創業メンバーの方々とは、家族のような強い絆が生まれて、人生が大きく変わる転機を与えてくれました。だから、とくに今やりたいことなんて見つからないという方も、人生で1度、大企業での就労経験をすればよいと思います。待遇、福利厚生の点でも、大企業の資本力はすごいなあと何度も感嘆させられました。

■ 資格の取得をめざす

20代でこれといってやりたいことが見つからない人におすすめなのが、**資格取得をめざすこと**です。**学歴は、20代で社会に出るときに役立つ1つの武器**になります。学歴に加えて、**資格は20代、30代で社会に出た自分を守ってくれるもう1つの武器**になります。もちろん、学歴も資格も意味がないという人もいるでしょう。それは、あくまで起業家や資本家の世界の意見であって、それ以外の大多数の人たちにとっては、学歴も資格もあったほうがいいのは確かです。

■ 資格は学歴のマイナスをひっくり返す力がある

学歴コンプレックスという言葉があります。自分の志望する大学に受からなかったり、自分の大学を恥ずかしく思ったりする感情です。第1志望に受からないと抱きやすい感情ですが、そうした感情を抱えている人ほど、資格試験の勉強に励むとよいと思います。**資格のほうがより実社会に近く、そういった点では、大学受験勉強での不本意な結果をひっくり返す力があります。**

たとえば、早稲田大学の法学部に行きたかったけれど、明治大学の法学部にしか合格できなかったとします。その場合は、大学に入ってからいち早く司法試験の勉強を開始します。早稲田大学と明治大学の偏差値の差など、司法試験に合格をすれば一発で逆転できます。大学受験時に早稲田大学に受かっても、司法試験に受からない人はたくさんいるし、明治大学にしか受からなくても司法試験に受かる人はたくさんいます。

他にも、中央大学の商学部に受かって、慶應義塾大学の商学部に落ちてしまった人は、公認会計士試験合格をいち早くめざします。それに受かれば、大学のわずかな偏差値の差など、一気にひっくり返すことができます。青山学院大学の文学部英米文学科に受かって、早稲田大学の国際教養学部に落ちたとしたら、英検1級やTOEIC900点をめざしてがんばればよいのです。

■ 留学をめざす

留学も、これといって目標や夢がないという方に、おすすめです。大学受験までの英語は、あくまでその時点での英語力が測られているだけです。実際のコミュニケーションを目的とした英語とはかけ離れているので、心機一転、より実践的な英語力を身につけてみるとよいでしょう。それに加えて、日本とは文化が異なるので、大きく視野が広がり、価値観を一変させてくれます。

国にもよりますが、海外の人はとてもオープンで、社交的な人が多いものです。初対面でも、自分から話しかけて、会話をスタートさせてくれます。**何より日本から出てみると、日本のことを客観視できます。**日本のよい点、悪い点に改めて気づかされます。治安がとても良いこと、医療制度がとても高い水準であること等、外に出ることで、日本のよさも再確認できます。**見知らぬ土地で磨かれた適応力は、大きな自信を与えてくれる**ので、ぜひ20代のうちに日本の外の世界を見てみることをおすすめします。

まとめ

具体的な夢や目標がない人は、大企業・資格取得・留学がおすすめ。大企業で働くことで、そのすごさに気づくし、資格は学歴コンプレックスをひっくり返す力がある。留学は万人におすすめの成長する機会になる。

20代の悩み
Q&A
4

どうしても1つ目の夢をあきらめきれず、苦しいです。

1つ目の夢をあきらめきれない思いは、私も痛いほどよくわかります。私もあきらめの悪いほうなので、弁護士になる夢をなかなかあきらめることができませんでした。けれども、20代では、**夢を追うよりも大事なことは親から自立すること**です。

今の自分にできる範囲でがんばること、その自立心は、必ずあなたの人生をよいものにしてくれます。そして、前出の拙著『10代のきみに読んでほしい人生の教科書』（KADOKAWA）で紹介したように、**夢は途中で変わってもよいこと**、そのことも覚えておいてください。

そして、**悔しさを抱えたまま生きていきます。**

コンプレックスを、今をがんばる原動力に変えていきます。そうして、たとえ今の自分がふがいなくても、歯を食いしばってがんばっていると、**思ってもいない別の扉が開かれる**ことがあります。

私にも、かなわなかった夢がたくさんあります。それでも必死に生きてきました。30代でスタディサプリの仕事と書籍の執筆にめぐり合って、今はとても充実した生活を送っています。だから、1つ目の夢がかなわなくても、自分の可能性をあきらめないでください。

第5章

20代の仕事

その13　逆立ちしてもかなわない師匠を見つける

その14　20代で身につけておくべき仕事の基本

その15　20代におすすめの働き方

20代の悩み Q&A

⑤ やりたい仕事が見つかりません。

その13

逆立ちしてもかなわない師匠を見つける

20代の仕事で、一番やっておくとよいのが「**逆立ちしてもかなわない師匠を見つける**」ことです。独学や我流では、どこかで限界を迎えてしまいます。**その世界で自分がナンバーワンだと思う人に師事することが、あなたの成長を加速させてくれます。**

■師匠の見つけ方

こう話すと、一部の人からは、そんなに優れた人は自分の周りにいないという声も聞こえてきます。じつは、私自身もそうでした。自分より優れた人、すごい人といわれても、なかなか見つからない。しかし、**それは環境が悪いのではなく、自分に問題があります。**

私も英語講師の仕事を始めて、最初の4年半程度は、自分より圧倒的に優れた、「この人だ！」というような存在は見つけられませんでした。しかし、今振り返ると、**自分自身が中途半端で、目の前の仕事に全力を尽くすようなことはなく、次の職場のことばかり考え**

ていました。

■ 自分の能力が高まったときに、最高の師匠とめぐり合える

私自身が師匠とめぐり合えたのが、**目の前のことに集中して、全力で取り組むようになり、自分自身の仕事への姿勢が変わったタイミング**でした。何をやるにせよ、目の前の仕事で圧倒的な結果も出さずに、よい世界が開けるわけがないことに気づきました。

■ 師匠の偉大さで自分の成長度合いも変わる

その師匠の偉大さで、自分の成長の度合いも決まります。すなわち、**師匠が偉大であればあるほど、自分も大きく成長できる**のです。だから、自分が最も優れていると思う人に師事しましょう。見出しに書いた「**逆立ちしてもかなわない師匠**」とは、何をしてもかなわないという意味です。実際に、私が英語講師として師事する方は、逆立ちしてもかなわないような方です。

■ 師匠との能力差に絶望する

どの世界でも、その世界でのナンバーワンと思われる方の仕事を近くで見てみましょう。**自分とのあまりの大きな差に絶望します。**次元が違うとよくいいますが、私も師匠とは、二次元くらい違うなと思ったものです。努力量、仕事量、発想力、センス、経験値、知識量と何から何まで違う。

「絶望して何になるんだ?」と思われるかもしれません。しかし、これが現実なのです。多くの人が、その現実すら知らずに仕事をしています。だから、いつまでたっても、努力せずに口先だけで終わってしまいます。まずは、**現実をしっかり理解して、自分の立ち位置を知る。**そこまでいかないと、スタートラインにすら立てません。

■ 自分の強みを知る

偉大な師匠の下で修業することで、**自分の強みを知る**こともできます。最初は、師匠の仕事術を模倣しようとします。途中で、あまりの次元の違いに、まねもできないことに気づきます。そこで、**自分には何ができるか、自分にしかできないことは何か**と、考察が深まります。そうして、**自分だけのオリジナリティ**を見つけることができます。それは、その後の仕事人生の方針を決定づける、とても重要な発見になります。

■ 師匠への恩返しも、働くモチベーションになる

師匠から多くのことを学んだのだから、当然恩返しをしなければいけません。それは、何か物をプレゼントすることではなく、**自分の成長した姿をお見せすること**です。それこそ、働く大きなモチベーションにもなります。私自身も、書籍を30冊以上出版して、累計70万部を超えました。まだまだ道半ばですが、**一人前の仕事人になることが、師匠への最大の恩返しだ**と心得ています。

まとめ

20代の仕事でやっておくべきことは、「逆立ちしてもかなわない師匠を見つけること」。自分の能力や仕事への姿勢が高まったときにめぐり合える。師匠の偉大さで、自分の成長度合いも決まるのだから、その道で日本一と思える人に師事してみよう。

その14

20代で身につけておくべき仕事の基本

10代は、小中高や大学、専門学校と、学校が居場所の中心でした。20代になると、専門学校や大学を卒業して、**会社が居場所の中心**になります。会社、仕事は、20代の最大のテーマといっても過言ではありません。**誰だって仕事ができるようになりたいと願う**でしょう。では、仕事ができるとはどんなことなのか、どうやったら仕事ができるようになるのかを説明します。

■ 学歴と仕事の能力は比例するか？

これは、あくまで私の意見ですが、**世間でいわれているほど比例しない**のではないかと思います。大学入試というのは、あくまでペーパーのテストで点数を測るものです。仕事も、何かしらのペーパーのテストで点数を測るならともかく、そんな仕事はほとんどありません。そして、インターンなどを除いて、基本は大学や専門学校を卒業してから、横一線で仕事をスタートさせます。むしろ、偏差値の高い大学を出て、己の能力を過信している人ほど、社会人になって大きく挫折することになると思います。それくらい、**テストで点数をとることと、仕事で成果を上げることは異なります。**では、あらゆる仕事に共通する、大事な項目を紹介していきます。

①メールの返信はすぐにする

これは当たり前といえば当たり前ですが、私がかかわるなかでも、みんなができているかというとそうではありません。たとえば、仕事上の関係性がスタートしたばかりのころは、誰しも返信が早いものです。しかし、仕事上の関係性の期間が長くなるにつれて、返信が遅くなる人がいます。

■仕事の役職が上にいくほど返信が早くなる

これは、意図して実験したわけではありませんが、ある企業の代表取締役、部長、課長、一般社員と、いろいろな立場の方々に、同じ内容を個別にメールしたことがありました。通常、役職が上にいくほど仕事が多忙で、受けとるメールも多いので、返信が遅くなると考えますが、**代表取締役の人から一番先に返信をいただきました。そこから、部長、課長の順に返信をいただき、一般社員の人が、のきなみ返信が遅かった**のです。

■休日や深夜、早朝のメールはしない

私も、数年前までは、当たり前のように休日や夜遅くにメールをしていました。しかし、ワークスタイル変革（働き方改革）が10年ほど前から行われるようになって、休日や深夜帯のメールを控えるようになりました。**長時間労働を是正しないと、過労死のような命にかかわる社会問題が減らないから**です。だから、メールの返信を速やかにすべきであっても、休日や深夜帯のメールは控えるべきで、それが今の時代の流れなのでしょう。

②仕事の流れを俯瞰《ふかん》してみる

私自身、長年仕事をしている方でも、常に返信は早くするように心がけています。返信が遅い人は、仕事の流れを俯瞰していません。**俯瞰してみることで、仕事の流れが見えて**

きます。これが、仕事ができるようになる2つ目のコツになります。

たとえば、本を1冊書くプロセスを考えると、編集者の方が企画立案して、企画が承認されたら、原稿の執筆がスタートします。原稿を書き終えると、それと同時進行で、本のデザイン、カバーデザインなどをデザイナーの人に発注します。そして、原稿に対して校正という内容のチェックが入って、初校という本の原形ができあがります。その初校に対して、著者や編集者、校正者が、内容をチェックしていきます。そして一連の校正が終わると、印刷所に回して本ができあがります。今度は、その刷り上がった本が全国の書店に配布されます。出版社の書店営業の方々が、書店に営業して、棚の確保等を実現します。

■ 中心にいるのは著者でも編集者でもない

このように、本ができあがる一連の過程を俯瞰してみると、中心にあるものが何かに気づくはずです。そうです、**本の作成の中心には、著者でも編集者でもなく、本があるのです。**その本の周りを、編集者、著者、デザイナー、校正者、印刷所、営業の方々が、それぞれの作業を回しています。それがわかると、自分のところで作業を止めると、前後の人に迷惑がかかります。メールの返信が滞るということは、そういうことなのです。自分が中継地点にいることが理解できたら、自分中心に仕事が行われているというような妙な勘違いをしなくなるはずです。

私のもう1つの仕事に、スタディサプリの動画作成があります。この動画作成でも、演者の私が中心にいるわけではありません。動画制作の起案をリクルート社がして、撮影者、講師に依頼がきます。講義のテキストを作成して、出版社に提出します。それに対して、校正者から内容のチェックが入ります。講義の予習をして、撮影スタジオに向かって、撮影がスタートします。動画に対しても校正が入り、誤った箇所を再撮影します。動画に対して、編集作業が行われて、納品されます。

こうしてみると、やはり**その中心には動画とテキストがあるだけで、その周囲で著者や演者、撮影者、編集者、校正者が、各自の作業を回している**ことがわかります。

③ 仕事の納期を守る

仕事を俯瞰できるようになると、著者が原稿の締め切りを破ってはいけない理由がわかってくると思います。原稿の執筆は、あくまで本ができあがる工程の一部を担っているにすぎず、そこで全体の流れを止めてはいけません。

私は幸いにも、本を書き始める最初の段階で、師匠にこのことを教えてもらいました。**原稿の締め切りを守れないようなら、執筆活動は行ってはいけない**こと。**著者は本の作成の一部を担っているにすぎず、中心だと勘違いしてはいけない**こと。この2点は、いまだに自分のなかで大切にしているルールです。

これは、他の仕事でも「**納期を必ず守る**」と言い換えられるでしょう。当たり前のことですが、20代以降の人であっても、意外にもこの納期を守れない人が一定数います。20代のときに**納期を守ることと**の重要性を理解しておくと、必ずやそれ以降の自分を守ることにつながります。

④ コミュニケーションを大事にする

これは、仕事のみならず、家庭でも友人関係でも重要な、ある意味で永遠の課題ともいえるでしょう。私自身も、決して完ぺきではありません。日々、短気を起こしたことに反省したり、みずから発してしまった言葉を悔やんだりしています。そのなかで、学んだことをいくつか挙げていきたいと思います。

■挨拶は自分から

コミュニケーションの基本は、挨拶です。**挨拶は自分から、相手の目を見て**というのが基本です。当たり前のことですが、朝ならば「おはようございます」、昼なら「こんにちは」、夜退社するときは「お疲れさまです」と挨拶します。

大ヒットドラマの『半沢直樹』を観ていたとき、こんなシーンがありました。経営危機の会社を立て直せるかどうかの判断をするとき「この会社は、**挨拶がしっかりできている。**だから、自力復興が必ずできる」と断言していました。社員の働くモチベーションが低い会社は、長年のマンネリからか、挨拶がしっかりできません。勤務が長期間にわたる人や役職が上の人ほど挨拶をしっかりすることで、社内に前向きな空気が流れていきます。

■相手からの返答は求めない

人によって挨拶が怖いのは、「無視されたらどうしよう」といった気持ちからでしょう。あくまで、**自分にやれることをやるのが大事**なので、挨拶をするとき、相手からの返答は求めないことが重要です。最初は冷たい反応をされても、何度も挨拶をしているうちに、しっかりと返してくれる人もいます。

■意見を伝えることと譲歩することは一緒に持っておく

一方的に自己主張するだけで、いっさいの譲歩をすることがない人からは、間違いなく人が離れていきます。私は10年前から自営業なので、過度に忖度《そんたく》することなく発言しますが、一方で仕事相手の要求にもしっかりと耳を傾けます。まずは、プロとして依頼者の要求にこたえること、そのうえでその要求をかなえるためには、こうしたほうがよいという提案をします。こちらからの要望もたくさんしますが、相手側からの要求も、納得がいかないときでも、のむときはあります。「その7」で紹介したように、自分からは見えていない側面もあります。とくに、**相手との継続的な関係性を考えると、自分の要求をすべてのんでくれというのは、言いすぎになります。**

■ 御礼を必ず伝える

これも、文字にすると簡単なことですが、できない人も多いものです。逆に、**仕事が優秀な人ほど、この御礼も早いものです。仕事ができる人は、仕事を後回しにしないので、そうした意識から、御礼も速やかにする**のでしょう。食事をご馳走してもらったり、仕事の有益なアドバイスを受けたりしたとき、必ず御礼を相手に伝えてください。こうした当たり前のことを積み重ねることが、あなたという人間の信頼を高めてくれます。

⑤ メモをとる習慣をつける

人間の記憶は、何もしないでいると、あっという間に忘れるようにできています。しかし、仕事上の約束、仕事のアイデアなど、忘れてはいけない、一定の間記憶を保持すべき内容もあります。こうした**一見些細《ささい》なことをメモする習慣をつけておく**と、仕事のあらゆる局面で役に立ちます。

私は、主に携帯電話のスケジュール帳にメモをとります。**仕事の納期、その日にやるべきタスク、ぱっと思いついた仕事のアイデア、プライベートの用事などをメモします。**これにより、仕事とプライベートの用事の抜け漏れがなくなり、仕事のアイデアに困ることもなくなります。

その日にやるべきタスクはすべて消化できれば理想ですが、２割くらい残ることもあります。それでもメモのおかげで事後の数日で優先的に終わらせることができます。**仕事の成果を分けるのはほんのわずかな差です。20代のうちに、些細な内容もメモをとる習慣をつけておきましょう。**

まとめ

20代で身につけておくべき仕事の基本は、①メールをすぐに返信する。②仕事を俯瞰してみる。③仕事の納期を守る。④コミュニケーションを大事にする。⑤些細なこともメモをとる習慣をつける。当たり前のことほど、できない人が多いことを覚えておこう。

その15

20代におすすめの働き方

■ 職場の近くに住む

これも、20代のうちに一度はやってみることをおすすめします。**職住近接**《しょくじゅうきんせつ》という言葉がありますが、職場と住む場所を近くすることです。**往復の通勤時間ほど無駄な時間はありません。**その時間を、休養や仕事の時間にあてます。1日なら1時間程度かもしれませんが、1年にするとおよそ240時間も差が生まれます。この240時間で何ができるかを考えると、わくわくするものです。

それから、空《す》いている電車ならともかく、東京、大阪の電車は、朝の時間帯は混んでいるのがふつうです。会社の行き帰りの満員電車で受けるストレスは大きいものです。職場の近くに住むだけで、このストレスから解放されて、仕事に全力投球できます。職場の近くに住むだけで、無駄な通勤時間を減らして、満員電車を避けられたら、当然仕事に大きなプラスをもたらすでしょう。

■ 365日仕事をする

これも、仕事が得意になる最大のコツといってもよいでしょう。実際に、私は1年間で、仕事をしない日はほとんどありません。ここ数年は、平均で年10日ほど休んでいるだけなので、350日以上は仕事をしている計算になります。旅行をしているときなどは、仕事をしない日もありますが、校正紙を持っていって、移動中や隙間時間に原稿をチェックしています。

■ 日本人はなぜ英語を話せないのか？

たとえば、よくある疑問として、「**日本人は、中学、高校、大学と10年以上英語を勉強しているのに、なぜ英語を話せないのか？**」というものがあります。これも、答えはシンプルで、**英語を話していないから**です。日本人は、中学、高校、大学と英語を毎日読んでいます。だから、英語のリーディングという分野は得意な人が多いはずです。

一方で、中学、高校、大学と、全然英語を話していないはずです。話さないと、話せるようにはなりません。留学すると、なぜ英語を話せるようになるかというと、毎日英語を話すからです。３６５日、英語を話してみてください。誰でも、英語が話せるようになるはずです。

今話したことは、仕事にも当てはまります。たとえば、会社の年間休日が１２０日あったとしたら、１年間にして**１２０日も休んでいることになります。１２０日休んでいる人と、１２０日働いている人では、仕事の能力で雲泥《うんでい》の差が生まれる**はずです。年数を重ねるほど、能力の差は歴然となります。

だから、**１年間３６５日、毎日仕事をしてみてください。**これくらいの量をこなせば、誰でも仕事が得意になるはずです。もっとも、会社での労働日数が決まっている場合は、仕事に関係すること、仕事に役立つ自己研鑽《じこけんさん》を３６５日行います。たとえば、会社に行かないとできない仕事と自宅でもできる仕事を区別します。私の場合は、授業動画の撮影はスタジオに行かないとできないので、スタジオでの仕事になります。一方で、書き物の仕事は家でもできるので、家でやります。

■休みはどうするか？

1年365日ほとんど働いていることを話すと、「いつ休んでるんですか？」と聞かれることもあります。**私も毎日しっかりと休んでおり、夜ぐっすりと眠っています。**最低7時間で、9時間くらい寝ることもあります。しっかりと睡眠をとると、日中集中して仕事ができるので、おすすめです。世間では、丸1日仕事をしない日を休みといっていますが、私にとっての休みは、夜にぐっすり眠る休みで、それだけで十分なのです。

もっとも、体が重くなってきたと感じるときは、**プール、銭湯、筋トレなどで体をほぐします。**家でじっとしているというより、体を動かして休息をとるアクティブレストで疲労回復します。

■家族との時間はどうするか？

「仕事ばかりしていると、家族との時間はどうするんだ」と疑問に思うかもしれません。これは、私の仕事だからできることですが、毎日家族との接点はたくさん設けています。子どもの保育園、学校への送迎は、かれこれ7年間毎日休まずに行っています。毎日2人の子どもを迎えに行って、お風呂に入れています。上の子の寝かしつけも、5、6年毎日やり続けました。家族旅行も、1年に5、6回行きます。子どもの行事も、ほぼ毎回出席していると思います。毎日仕事をしてはいますが、どちらかというと、育児の合間に仕事をしているような感覚です。

■ワークライフバランス

近年、長時間労働が問題になるにつれて、**ワークライフバランス**という言葉が流行していました。要は、「**仕事と私生活のバランスをとる**」ということです。仕事ばかりして、私生活がうまくいっていないのでは元も子もない。家族や恋人との関係を大切にしてこそ、仕事の意味があるということです。

私自身は、仕事に打ち込んではいても、私生活を犠牲にしたことは一度もないので、正直あまりピンとこない考えでした。しかし、「死ぬときに後悔するのが、仕事漬けで家族との時間を持てなかったことだ」とか、「仕事漬けで生きてきた人間が定年退職後につまらない生活に絶望する」といったことは、よく耳にしていました。

■ワークインライフ

私がおすすめの働き方に近い考えが近年生まれてきました。それは**ワークインライフ**というそうです。「**生活のなかに仕事が入っている**」ということです。仕事と私生活の境目をなくすことで、意外にも仕事の負荷が減って、仕事が趣味のような状態になります。それには、**家でやれる仕事を増やしていくこと**です。もちろん、取引先や自分の家族に配慮して、休日や深夜時間に電話、メールは控えます。家族との時間を中心にして、その合間や隙間時間に仕事をします。

■体調管理も仕事の1つ

「365日仕事をする」というのは、一見すると、無茶な提案かもしれません。しかし、量が質に転化するときは必ずくるので、あきらめずにがんばってください。もっとも、それで体調を崩しては元も子もないので、**体調をしっかり管理**します。たとえば、夜10時以降はパソコンやオフィスの明かりに触れない、毎晩しっかりと睡眠をとる、定期的に運動する、食事をコントロールするなどして、体調を管理してください。体調管理も仕事の1つです。

■30代のヴィジョンも描いてみる

20代でおすすめの働き方の最後は、**30代でどうなりたいか**というヴィジョンを描くことです。「その10」で紹介したように、「今日を生きる」というくらい目の前の仕事に没頭することが基本になります。それでも、**30代で独立するのか、会社での出世をめざすのか、他の会社に転職するのかといったヴィジョンを描くことは重要**です。私の場合は、独立することをずっと思い描いていました。だからこそ、目の前の仕事で圧倒的な結果を出して、学べることはすべて学ぶ、そういった姿勢で仕事に熱中することができました。

だから、その会社で上をめざすのか、もっと条件がよい会社に転職するのか、独立するのか、30代でどうなりたいかのヴィジョンを描くことをおすすめします。その思いが強ければ強いほど、理想の現実を引き寄せてくれることでしょう。

まとめ

20代でおすすめの働き方は、職住近接と365日働くこと。職場の近くに住むことで、通勤時間とストレスから解放される。毎日息をするかのように仕事をすることで、誰でも仕事が得意になることを覚えておこう。

20代の悩み
Q&A
5

やりたい仕事が見つかりません。

　これも多くの人がぶつかる壁の1つでしょう。現実は、やりたいことを仕事にして生きている人のほうが少ないと思います。**もともとは、仕事は生きていくためにやるもの**です。働かないとお金を稼ぐことはできないので、**好き嫌いにかかわらず仕事はするもの**です。

　もっとも、**どうせ働くなら少しでも前向きな気持ちになれる仕事をするとよい**でしょう。そのときに、**好き嫌いの二択ではなくて、得意か不得意かの二択で考えるとよい**と思います。得意か不得意かを見極めるのは、実際にやってみないとわかりません。実際に仕事をやっていくなかで、上司、取引先、お客様に褒められたり、感謝されたりすることがあれば、それが得意な仕事になります。

　私のことをお話しすると、**すべてを失ったときに、「これだ!」という天職にめぐり合えました。**逆説的ですが、**自分のなかからすべてがなくなったときに、唯一残っていたのが、教える仕事でした。**何かに挑戦した結果見つかったことなので、まずは、何でもよいから仕事をスタートさせてみてください。目の前の仕事を必死でやっていれば、いずれ自分の天職ともいえるものに出合えることと思います。

第6章

20代でお金との向き合い方を学ぶ

その16 貧乏暮らしをしてみる

その17 節約と貯金がお金の基本

その18 投資をしてみる

20代の悩み Q&A

⑥ 貯金ができません。

その16

貧乏暮らしをしてみる

貧乏暮らしというのも、10代、20代で一度は経験してみるのをおすすめします。私も恥ずかしながら、電気・ガスが止められたり、友人や、消費者金融にお金を借りたりしていた時期もありました。もちろん、借りたお金はすべて返しましたが、借金をすることの苦しさも20代で経験しました。**お金がないという絶望も、心身にこたえる**ものになります。借金をすることはおすすめできませんが、そこで見えた1つの真理があります。

■人生は、底なし沼のように下がある

よくドラマや漫画のセリフで、「落ちるところまで落ちた。あとは上がるだけだ！」なんて言われますが、私が実感した世界ではまるで違いました。むしろ、「**人生は底なし沼のように下があり、えんえんと下に落ちていくことができる**」という実感です。そこから這い上がるのに、助けてくれる人などいません。ただただ、過去に積み重ねてきた自分だ

け《だけ》が頼りで、自力で這い上がるしかありません。

■借金をすると首が回らなくなる

「借金をすると首が回らなくなる」という表現を耳にしたことがある人はいると思います。「支払いなどが多くてお金のやりくりができない」という意味ですが、**本当に首が動かなくなります。**借金をしていると、常にリラックスできずに体が一種の緊張状態にあります。それによって、首の筋肉がこわばり、硬くなります。首には自律神経が集中しているので、首がこると、気分もゆううつになります。借金をしている間は、常にゆううつな気分が続きます。

■借金をすべて返済すると、空が青く見える

一方で、借金をすべて返済すると、**空が青く見えるような感覚を味わう**ことができます。それくらい借金をしている間は苦しい時間なので、貧乏暮らしであっても、極力借金はしないようにするのがよいでしょう。東進衛星予備校の林修先生が、「**借金は人を大き**

くするか、つぶすか」とおっしゃっていました。経験した者からすると、二度と借金はするべきではないなという思いに至ります。

■ 貧乏暮らしをすると金銭感覚が正常になる

貧乏暮らしを一度はしたほうがよい理由として、**金銭感覚が正常になる**ことが挙げられます。**金銭感覚は、親の金銭感覚を引き継いでいること**がほとんどです。親が正しい金銭感覚であればよいのですが、必ずしもそうとは限りません。親から離れて、生活水準をよい意味でリセットします。親と同じ生活を送ることが幸せなわけではありません。自分で稼げる範囲で、生活できる力が大切です。だから、そのときの自分の稼ぎのなかで生活する術を覚えることが大事になります。

■ 収入が増えても、生活水準を大きく変えない

貧乏暮らしをしたときに身につけた生活水準は、今後の自分や自分が築いた家庭を助けてくれます。**収入が増えても、生活水準を大きく変えない**ことをおすすめします。どんな

町に住もうが、どんな高級マンションに住もうが、人間は飽きる生き物です。最初の1、2年はよいと思っても、気づいたら当たり前になって、そのうちに何とも思わなくなります。

むしろ「**一度上げた生活水準は簡単には落とせない**」といわれています。幸不幸は、どのような場所に住むかよりも、以前より上がったかそうでないかに左右されるものです。むしろ、高い生活コストは、高い収入に依存してしまいます。たくさんお金がないと成り立たない暮らしは、かえって息苦しくなってしまいます。20代、30代は収入が増える人が多いでしょうが、それに伴って、**必要以上に生活水準を上げないようにする**ことを覚えておいてください。

まとめ

20代で一度貧乏暮らしを経験しよう。人生は、底なし沼のように下があることを覚えておこう。収入が増えても、最初の生活水準から大きく変えないことが重要。

その17

節約と貯金がお金の基本

20代で身につけておくべきお金の価値観ですが、まずは**節約と貯金**が基本になります。

近年、「貯金は悪だ、投資、投資」と叫ばれていますが、そもそも節約と貯金ができない人が投資などをしても、お金は増やせないし、かえって逆効果です。まずは、当たり前の節約と貯金をできるようになりましょう。

■ 節約ができる人はダイエットもできる

お金の節約は、ダイエットと似ています。両方とも、欲望をコントロールして無駄なものを削《そ》いでいくという共通点があります。ダイエットは余分なカロリーを削って、減量します。お金の節約は無駄な出費を削ります。**お金の節約ができる人は、欲望のコントロールができるので、自分の体重もコントロールできるようになります。**出費のコントロールができると自信につながるし、体重のコントロールができることも自信につながります。

両方とも、物欲、食欲という**欲求をコントロールすること**が重要です。

■ 貯金は悪なのか？

先ほども述べたように、近年、しきりに「投資しろ、投資しろ」と言われて、あちこちで「**貯金は悪だ**」と言われていますが、**決してそんなことはありません。**それでは、貯金にはどんなメリットがあるのでしょうか。いくつか紹介していきたいと思います。

■ 貯金は安心感を与えてくれる

貯金の一番の効用といってもよいかもしれません。**一定以上の貯金額があると、心に安心感を与えてくれます。**その安心感とは、たとえば病気や事故で倒れて働けなくなっても、生きていけるだけのお金があるという感覚かもしれません。あるいは、会社が倒産したり、クビになって無職になったりしても、当分は生きていけるだけのお金があるという感覚かもしれません。

■ 貯金があると自分を守ることができる

その昔は、多少の体調不良でも仕事を休まないような姿勢が美徳とされていました。しかし、社会がコロナを経験してから、**体調不良のときはしっかり休む**という意識が少しずつ浸透していったと思われます。なぜなら、とくに咳が出ている状況では、咳によりウイルスが大気中に放出されて、コロナやインフルエンザの感染症が広がっていくからです。**貯金がしっかりとあることで心のゆとりが生まれて、体調不良のときにもどうどうと仕事を休むことができます。**

■ 貯金があると嫌な仕事に悩まされずに済む

また、**一定額以上の貯金があれば、嫌な仕事や、労働環境の悪い職場を避けることができます。**貯金がほとんどなければ、仕事を辞めたくても辞めるわけにはいきません。結果、ブラック企業といわれるような会社で、そのことに気づいていても、会社を辞められずに、心身ともにすり減らしてしまう危険性があります。

■いくら貯金があると安心できるか？

では、安心感を与えてくれる貯金額はいくらくらいかというと、人によるとは思いますが、現実的なのは、**働かなくても1年間は生きていける金額**ではないでしょうか。20代の1人当たりの平均支出が200万円弱という統計があるので、**約200万円あれば、たとえ何があっても生きていけるという安心感**に変わります。

■家族がいたらいくら貯金があると安心できるか？

独身であれば200万円程度の貯金があれば安心できる金額になりますが、結婚して子どもがいた場合は、当然もっと必要になります。子どもが2人いると仮定すると、**夫婦でおよそ400万円の貯金があれば1年間生活できるので、安心といえる**でしょう。

まとめ

節約と貯金をできる人が投資に進める人。節約できる人はダイエットもできる。貯金は安心感をもたらしてくれて、自分と家族を守ることができる。

その18

投資をしてみる

投資と聞くと、未経験の人は怖いという思いが頭をよぎることでしょう。しかし、**そういった人が恐れるものの正体は、投機と呼ばれる、いわゆるハイリスク・ハイリターンの行為のこと**です。じつは、**投資というのはもっとリスクをコントロールしたもの**で、投資未経験の人が恐れるものではありません。投機と投資の区分は、定義によりさまざまですが、私が実践している**非常に保守的な投資方法**を説明していきます。ここでの投資は、不動産投資などではなく、主に**株式投資**を意味しているものと思ってください。

■「卵を1つのカゴに盛らない」が投資の大原則

これは、『トム・ソーヤーの冒険』の著者として知られている、アメリカのマーク・トウェインが1894年に出版した『まぬけのウィルソンの悲劇』のなかで使われた表現です。それが、投資の世界で大原則といわれるようになりました。要は、複数ある卵を1つのカゴに入れてしまうと、そのカゴを落としたら、すべての卵が割れてしまいます。卵を複数のカゴに分けていれば、1つのカゴを落としても、他の卵は割れずに済みます。

卵は投資する商品のたとえだと思ってください。よって、**投資先を分散することで、投資のリスクをコントロールすることの大切さ**を伝えてくれています。では、投資のリスクをコントロールする具体的な方法を紹介したいと思います。

■長期・分散・積立がおすすめの投資の3原則

リスクコントロールの最初の手法は、**長期投資**です。短期的な株価の動向に左右されずに、長期的な視野に立つことで、投資の成功率は高くなります。およそ20年～30年のスパンで考えます。

株式投資の理想はほったらかし投資で、株価の変動に左右されない投資手法になるでしょう。毎日株価の動向をチェックするのではなくて、ときどき軽く調整する程度なのが望ましいでしょう。その具体例が前の見出しで説明したように、1つの商品だけで運用しない**分散投資**になります。

リスクコントロールの3つ目の手法が、**積立投資**です。株式の購入は、株価が一番下がったタイミングが理想とされていますが、いかんせんこの底値といわれる最低値を見抜くのが難しいものです。そこで、一気に多くの株式を購入するのではなくて、毎月一定額の株式を購入することで、株価の変動によるリスクを少なくすることができます。これを、**積立投資**といいます。

もっとも、長期・分散・積立をする前に、そもそもどこの銘柄の株式を保有すればよいのか、一般人にはわかりません。そこでプロの投資家に一定の報酬を払って投資してもらうのが、**投資信託**という手法です。この手数料が高いと元も子もないのですが、**手数料が低い投資信託を利用して、長期・分散・積立の投資を実現する**のが、現時点で理想の投資になると思います。

個別銘柄の保有は、個人的にはおすすめしません。絶対安全な企業などないし、未来に何があるかは誰も予想できないからです。個別銘柄を保有していると、株価の動向に一喜一憂してしまいます。毎日株価の動向に左右される生活というのは、理想とはいえないでしょう。短期的な**個別銘柄の売買に夢中になっている人は、どうしても本業がおろそかになってしまいがちです。**まず大切にすべきは、目の前の仕事であるべきです。

■ iDeCoとNISAを活用する

通常の株式投資で得られるお金には、しっかりと税金がかかります。たとえば、株式投資で100万円の利益が出たとすると、税金が約20％かかるので、手元に入ってくるのは80万円です。そして、この本来かかるはずの20万円の税金を免除してくれるお得な制度が2つあります。1つは**iDeCo**と呼ばれる**個人型確定拠出年金**で、もう1つが**NISA**と呼ばれる**少額投資非課税制度**です。

■ iDeCoは年金の補助制度

iDeCoとは、**個人型確定拠出年金**という正式名称からわかるとおり、**年金の一種**です。**年金**とは、**労働による収入が少なくなるか、あるいは収入がなくなる高齢期を支える**

ために、終身または一定期間にわたって、毎年定期的・継続的に給付されるお金のことです。通常、65歳で定年退職するので、その後の生活を支えてくれます。

年金には、国から支給される公的年金（国民年金、厚生年金など）と、それにプラスして個人で加入できる私的年金があります。先に書いたiDeCoは、私的年金の一種です。運用商品には投資信託の選択肢もあるので、「元本割れ」といって投資した金額よりも少ない金額しか戻らないリスクもありますが、上手に運用すると資金を増やすことができます。**その場合の利益も非課税**です。100万円の利益が出たときに払うべき約20万円の税金が免除されます。

■iDeCoの最大のメリットは支払ったお金で税金も減らせること

将来受けとる年金のために支払ったお金を掛け金といいますが、iDeCoの最大のメリットは、それが**全額所得控除**になることです。所得金額に応じて、その年の所得税と翌年の住民税が決まります。iDeCoによって所得金額が減るということは、**その年の所得税と翌年の住民税を減らすことができる**のです。いわば、**未来の年金を増やすことに加**

えて、現在の税金を所得税、住民税と二重に減らせるので、一石二鳥というわけです。**投資信託型のiDeCoに加入すれば、その利益にかかる税金もすべて免除になる**という点では、**一石三鳥**といってもよいかもしれません。

■NISAは投資の利益にかかる税金が免除される制度

NISAとは少額投資非課税制度のことです。毎月一定額の投資した株式や投資信託から得られる利益が非課税になる制度です。この制度がすばらしいのは、投資による**利益に通常かかる約20%の税金が免除になること**です。かつ、昔は**つみたてNISA**といわれていたように、毎月決まった金額を投資できるので、投資の3大原則のうちの積立の条件を満たしています。投資信託を選べば分散もできており、長期の投資となります。投資のリスクコントロールができていることに加えて、利益にかかる約20%の税金も免除されるので、お得な制度ということができるでしょう。

ここまで、投資をすすめる説明をしてきましたが、何点か注意点も述べさせていただきます。それは、**絶対に安全な投資は存在しない**ことと、**投資は自己責任**だということです。これはどんなことにもいえることですが、リスクというものをしっかりと見極めること、そしてそれをコントロールすることが重要だと思います。

■自己投資は惜しまない

ここまで、金銭的な投資を紹介してきましたが、自己投資についても説明します。自己投資とは、自分がよくなるための金銭的投資ですが、**自己投資にかかるお金は惜しまない**ほうがよいと思います。大きく3つに分けて見ていきます。

■仕事の能力を高めるための投資

これが一番わかりやすい自己投資になります。たとえば、英語を話せるようになりたいので、英会話学校に通う。英語力の証明のためにTOEICや英検を受ける。MBAを取得するために、大学院に通う。留学する。資格の専門学校に通う。こうしたお金は惜しまないでください。あとで、何倍にもなって返ってくることがあります。

本にかけるお金も惜しまないと思っておいてよいでしょう。**１冊の本には、成功者の知恵が詰まっています。**１０００円ちょっとで、生きていくため、あるいは仕事における知恵を吸収できるのだから、これにかけるお金を惜しむ理由はありません。

■ 健康のための投資

それから、**健康を維持するためのお金も、大事な自己投資**だと思ってください。たとえば、ジムに通うためのお金も惜しんではいけません。運動は、健康にも仕事にも、プライベートにおける人間関係にもプラスの影響があります。それを実践できるジムには、積極的に通うとよいでしょう。私自身も、20代後半で運動の重要性に気づいてから現在まで、ジムに通い続けています。引っ越しも何度もしていますが、**新しい地で最初にやることが、ジムへの入会**になります。

それから、食べ物も健康に直結するので、**食費もあまり惜しむべきではない**でしょう。自炊をすれば、節約と健康の両方を得られます。外食する際にも、サラダ１品つけることで、健康を保つことができると思えば、安いものだと思います。私は、サラダは薬だと思って、ほぼ毎食食べています。

■リフレッシュのための投資

これは一見すると無駄に思えてしまう出費ですが、私は自己投資の一種だと思います。たとえば、国内にしろ海外にしろ、旅が好きな人は、旅行に行くとリフレッシュして、**また仕事をがんばろう**という気になれるはずです。旅行に行ったおかげで、元気になり仕事のモチベーションも上がるのなら、とても良い自己投資になります。

あるいは、映画鑑賞やスポーツ観戦、コンサートの鑑賞などで、リフレッシュして元気になる人もいるでしょう。**それが仕事のモチベーションにつながる**のだから、とても良い自己投資だとわかります。

私は前述したとおり、365日ほぼ働き続けていますが、リフレッシュのための旅行や映画鑑賞なども、積極的に行っています。学生時代の理想を「よく学びよく遊べ」とするなら、社会人の理想は「よく働きよく遊べ」といったところでしょうか。20代のうちに、金銭的な投資に加えて、自己投資をたくさんしておくと、あとで何倍にもなって返ってくるので、積極的に自己投資しましょう。

まとめ

投資の原則は「卵を1つのカゴに盛らない」。長期・分散・積立で、リスクをコントロールしよう。iDeCoやNISAは、利益に対してかかっていた税金が免除される制度。20代での仕事、健康、リフレッシュのための自己投資は積極的に行うことを覚えておこう。

20代の悩み

Q&A

6

貯金ができません。

貯金をするには、2つの方法があります。1つは、**今よりももっとお金を稼ぐ**ことです。もう1つは、**余計な支出を減らして節約すること**です。いわゆる無駄遣いを控えることです。

この2つはどちらが簡単でしょうか。給料の高い仕事にすぐに転職できる人や、今の会社ですぐに出世して給料が上がる人はほとんどいません。よって、**支出を減らして節約することのほうが簡単**になります。

では、どうやって節約するかに関して説明します。まずは**外食を控えて自炊する**ことで、食費をコントロールします。次に**固定費を見直します。**今の家賃は本当に適正なのか。無駄なサブスクリプションを使っていないか。携帯電話を格安SIMに替えることで電話代を節約できるかどうかなどを検討します。最後に**クレジットカード、電子決済、ネットショッピングなどの現金のやりとりが見えない購入手段を減らします。**現金を扱わない買い物は、お金を支払う痛みを伴わないため、コントロールできないほどお金を使ってしまう人が多いそうです。

第7章

生活力の大切さを知る

その19　なぜ早寝早起きは大切か？

その20　よく噛むことで人生が変わる

その21　掃除の絶大な効果を知る

20代の悩み Q&A

⑦ 汚部屋になりがちです。
片づけを習慣化させるコツはありますか。

その19

なぜ早寝早起きは大切か？

子どものころから、「**早寝早起き**」の大切さはよく耳にしてきたことでしょう。未成年のころは親が自分の生活を規律してくれていたので、生活リズムも整えやすかったはずです。一方で、成人して親元を離れると、自分で生活を規律しなければいけません。**この生活力がないと、心身に支障をきたして、社会生活を送ることが困難になってしまいます。**

20代は、夜通し遊んだり、昼夜逆転の生活を送ったりしがちな年代です。この年代にしかできないことでしょう。しかし、できる限り早寝早起きを守ることが、自分の心身を守ることにつながります。では、なぜ「早寝早起き」がよいのかを説明していきます。

■ 人の体にはサーカディアンリズムが刻まれている

サーカディアンリズムとは、**約24時間周期で変動する体内リズムのことです。**動物、植物などほとんどの生き物に存在しています。光や温度、食事など外界からの刺激によって修正されます。

人の体内時計は、じつは24時間より若干長いため、何もしないでいると、地球の24時間の周期から毎日少しずつ狂っていきます。この狂った状態は、**時差ボケ**といわれており、**日中眠くなる、あるいは夜中に眠れないといった症状に悩まされます。糖尿病、高血圧といった病気にかかる確率も高くなり、精神的にもつらくなってしまいます。**この**毎日生じる時差ボケを直してくれるものが2つ存在**します。

■太陽の光と朝食が体内時計を24時間周期に調整してくれる

近年では、朝食を欠食する児童が多く、小学校の現場では「**早寝早起き、朝ごはん**」と指導されています。**朝ごはんと、太陽の光を浴びることが、乱れた体内時計をリセットし、24時間周期に戻してくれる働き**があります。これを欠いてしまうと、常に時差ボケ状態で、気分もさえず、体調も優れない日が続いてしまいます。

■ 太陽が昇るとともに起床して、太陽が沈むとともに休息する

体内時計のズレを太陽光が修正してくれることからも、**太陽が昇るとともに起床して、太陽が沈むとともに休息する**のが、最も体に負荷をかけない健康的な生活リズムとわかるでしょう。毎朝5時に起きなさいとは言いませんが、遅くても9時くらいには起きて、朝食を食べて太陽の光を浴びることをおすすめします。

■ ブルーライトに気をつける

朝に浴びる太陽の光が、とても大切なことをわかっていただけたと思います。それに加えて、**夜に太陽光を浴びないことも重要**です。通常ならば、夜に太陽光などを浴びようがないのですが、現代社会では、太陽光に近い働きをする厄介なものがあります。それが、**ブルーライト**です。ブルーライトとは、テレビ、パソコン、スマートフォンなどから発せられるもので、目の奥まで届くとても強い光です。よって、夜間にこの光を浴びすぎると覚醒へと向かってしまうので、避けなければいけません。パソコンは夜の10時までには閉

じる。携帯の画面はできる限り暗くして、枕元には持っていかないなどの工夫をしましょう。

■夜間は蛍光灯ではなくて白熱灯にする

夜の間に、オフィスで使用するような蛍光灯の光を浴びると、これにもブルーライトが含まれているので、体が覚醒してしまいます。よって、**家での照明は白熱灯といって、オレンジ色の柔らかい色の電球にします。**オフィスやコンビニは蛍光灯なので、夜の8時以降は滞在を避けて、白熱灯の明かりで過ごせる場所に移動します。

■夜ごはんを20時までに食べる

朝ごはんを食べることで、体内時計がリセットされて、1日がスタートすると説明しました。**ごはんを食べると、体を覚醒させて体内時計を後ろに進める効果がある**ので、夜遅くにごはんを食べると、体内時計が狂ってしまいます。20時くらいまでにはごはんを食べるようにしましょう。

■夜遅くに熱い湯船につからない

私は典型的な夜型人間で、もう朝型には一生なれないのではと思っていた時期がありました。夜型の時代が長かった要因の1つに、**夜遅くに熱い湯船に入る習慣**がありました。熱いお湯につかると体が目覚めてしまい、寝つきが悪くなります。就寝1時間前にお風呂につかるとよいといわれていますが、必ず**ぬるいお湯**にして短時間の入浴にするか、シャワーにしてください。**熱いお湯につかる場合は晩ごはんの前にする、そして晩御飯の後はぬるめのお湯かシャワーで済ませる**ことで、夜型の生活に別れを告げて、朝型の生活にすることができました。

■夜型の生活は、不眠症と紙一重

夜型の生活を避けるべきなのは、不眠症と紙一重になるからです。不眠症というのは、眠りたくても眠れない状態です。夜の一定の時間に眠れないのは、不眠症の一種です。不眠症は、十中八九うつ病につながります。うつ病には、睡眠がしっかりとれない人が非常に多いからです。

■夜型の生活は、過去に縛られてしまう

私が夜型の時代で一番苦しかったのは、過去に縛られていたことでした。過去に縛られていると、どうしても恨み、つらみが多くなってしまいます。年を重ねるほど良い出来事とともに、つらい出来事も積み重なっていきます。いつまでも過去に縛られて生きていると、いっこうに前を向くことができません。**夜型の生活をしていると、昨日から今日へと、気持ちがうまく切り替えられません。朝型の生活にすると、1日が上手に切り替わって過去に縛られることが少なくなります。**

今は夜型で、公私ともに順調な生活を送られている場合は、それで問題ないのでしょう。ただ、うまくいっていないという意識があるなら、ぜひここまで紹介したコツを使って朝型になり、過去に縛られずに、今を生きてみてください。

まとめ

人間の体内にセットされた、サーカディアンリズムを整えた生活を送ろう。「早寝早起き、朝ごはん」で、心身ともに健やかに生活してみよう。

その20

よく噛むことで人生が変わる

前出の10代向けの拙著では、適切なタイミングで**しっかりと水を飲む**ことや、**食べ方順ダイエット**を紹介しました。この本では、「**よく噛むことで人生が変わる**」ということをお伝えします。

早食いの人の多くが、ほとんど噛まずに流し込むように食事をしています。ひと口に10回程度しか咀嚼《そしゃく》せずに、次から次へと食べ物をほおばり、食べ物が口に入っている途中で、水や汁物で食事を流し込んでいきます。これでは、いくら食べても満腹にならずに、どんどん食べる量が増えていきます。**早食いは大食いになり、肥満を促進してしまいます。**食後に甘いものが欲しくなる人の多くが、しっかりと噛んで食べていないので、満腹中枢が満たされずに、身にならないエネルギーをもっと欲してしまいます。

■ 咀嚼の効果

よく噛むこと、すなわちしっかり咀嚼することには、どんなよい効果があるのかを挙げていきたいと思います。

① 胃腸の働きを促進してダイエット効果がある

しっかりと噛むことで、唾液中の消化酵素の分泌がさかんになり、細かく噛み砕けば胃腸への負担を和らげます。そして、**ゆっくりたくさん噛むと満腹感が得られて、食べすぎを防止するため、結果ダイエットにつながります。**

② がんの予防効果

唾液に含まれるペルオキシダーゼという酵素には、**食品中の発がん性物質の発がん作用を抑制する効果がある**といわれています。二人に一人ががかるといわれていて、国民病ともいえるがんの予防効果もあるのです。

③ 脳の働きを活発にする

噛むことで脳への血流が増加し、脳の働きを活発にするので、脳の若さを保って老化を防止します。**しっかり噛むことで、勉強や仕事に必要な集中力も高めることができます。**

④ 全身の体力の向上

よく噛むことで全身に活力がみなぎり、体力が向上します。食べ物を細かく噛むことで、胃腸内の消化、吸収がスムーズに進みます。その結果、栄養が全身にいきわたり、筋肉量が増えて、全身の体力が向上します。

以上は咀嚼の代表的な効果ですが、他にも、噛むことで唾液の分泌を促して、**虫歯・口臭を予防する効果**もあるようです。①～④の効果だけで、十分に「**よく噛むことで人生が変わる**」という意味をわかっていただけたかと思います。よく噛むことで、体調が安定して、肥満も防止できます。集中力が高まり、体力もつくのだから、やらない手はないはずです。

■ひと口で何回噛めばよいのか？

巷《ちまた》では「**ひと口で30回噛めばよい**」といわれています。多くの人がひと口で10回未満と思われるので、30回噛むだけで、大きく変わってくるでしょう。私も「しっかり噛む」とはどのくらいかを実際に数えたところ、自分にとっては**50回くらいが理想の咀嚼回数**だとわかりました。

何を食べるかも重要ですが、どう食べるかにも意識を向けてみてください。「よく噛む」ことは、すぐにでもできます。**よく噛むことであなたの人生を変えてみてください。**

まとめ

よく噛むことで、肥満を防止して、集中力・体力が向上して、人生が変わることを覚えておこう。

その
21

掃除の絶大な効果を知る

なんだか人生うまくいかないなあ、という人におすすめなのが**掃除**です。**掃除には、不思議なことに、絶望的な状況を乗り越える力があります。**学校では掃除当番が決められて、毎日生徒が教室を掃除していました。実家では、母親か父親が掃除をしてくれていたことでしょう。

実家を離れての一人暮らしや、自分の家族を持って一緒に暮らす際に、必ずやるべきなのが**掃除**です。人生がうまく回っているうちは問題ないですが、うまくいっていない方は、ぜひ掃除を毎日してみてください。何を隠そう私自身が、今までに何度も汚部屋をつくり出しており、**その時期はお先真っ暗なくらい絶望的な人生を送っていました。**今でこそ掃除の大切さは身にしみてわかっていますが、ぜひみなさんにも掃除の大切さをわかっていただきたいのです。

■ 掃除は運気を上げる

なぜ掃除をしたらよいかというと、**単純に運がよくなります。**運がよくなる方法として、自分は運がよいと思い込むなどと耳にしたことがあるかもしれません。私の意見では、**掃除のほうがはるかに運気を上げてくれます。**汚い家に住んでいる人が、よい人間関係をつくれると思いますか？　汚い家に住んでいる人が、仕事だけ有能だと思いますか？　汚い家に住んでいる人が、異性にもてると思いますか？　汚い家に住んでいる人が、お金を貯められると思いますか？

逆もしかりです。掃除をしたきれいな家で生活することは、**よい人間関係をつくる最初の一歩**になります。きれいな家で生活することは、**仕事が有能になる第一歩**になります。きれいな家で生活することは、**異性との関係もうまくいきやすい**し、**お金を貯めやすく**もなります。では、一見するとわかりにくい掃除とこれらの成果の因果関係を見ていきましょう。

■ 掃除をすると、心がきれいになる

掃除の一番の効用は、**心がきれいになる、**すなわち**性格が改善される**ことにあるでしょう。**汚れたものをきれいにすると、心がすっきりした経験は誰しもある**と思います。そうやって、部屋の汚れを掃除することで、心の汚れもきれいになっていきます。

何より、自分の家族を持つと、**掃除は利他的な意味を帯びてきます。**家族が帰ってきたら、少しでも気分がよくなるようにきれいにしましょう。そうやって、人知れず、家族のために掃除をします。そうして、掃除をすることで利己的な性格が改善されて、利他的な気持ちが生まれてきます。

■ 掃除をすると健康運も上がる

掃除をすることで、健康運も上がります。**家の中のほこりやダニを減らして、家の空気を入れ換えることで、自分のみならず、そこで生活する人の健康運も上がります。**いわゆ

る汚部屋で生活していて健康的な人を想像できないはずです。そして、**掃除をすると、体を動かすので、ダイエットにつながります。**その対極にある、カウチポテト族という人たちを想像すればわかるはずです。カウチポテトとは、couch（＝ソファ）でポテトチップスを食べる人たちを揶揄《やゆ》する言葉ですが、てきぱきと動いて掃除をする人たちとは、対極にいることでしょう。

■ 掃除は潜在意識に働きかける

顕在意識《けんざいいしき》とは、目に見えるもの、直接手に触れられるもの、はっきりと耳に聞こえるものをいいます。一方で、潜在意識とは、はっきりと意識していないけど、影響を及ぼすものをいいます。人の意識は、顕在意識は5％程度で、**残りの95％が潜在意識に左右される**そうです。

すなわち、**掃除をしてきれいにしておくことで、たとえはっきりと気づかなくても、潜在的に、そこで生活する人の気持ちを前向きに、ポジティブにしているの**です。一方で、**掃除をせずにいる汚い環境は、潜在意識にマイナスに働きかけます。散らかった部屋は心**

にストレスを与えて、ほこりや髪の毛、ゴミにまみれた床は、心を汚くしてしまいます。

■ トイレ掃除は金運を上げる

これも、何かの本を読んだことがきっかけで、私も始めました。風水にはまっているわけではありませんが、金運は高いにこしたことはないだろうと思って、やり始めました。かれこれ10年くらいやっていますが、嘘のような真《まこと》の話で、**本当に金運が上がった気がします。トイレは家の中で最も陰の空気がたまる場所なので、そこをしっかりと掃除することで、金運が上向きになる**のかもしれません。あとは、家族を持ってから、**最も嫌な仕事を自分が率先してやるという初心を、トイレ掃除をすることで毎日思い起こしています。**

■ ゴミは毎日捨てる

最後におすすめなのが、**ゴミ捨てを毎日やること**です。もちろん、ゴミの収集日が決まっている一軒家やアパートでは、そういうわけにはいきません。しかし、マンションで24時間ゴミ出しが可能な場合は、毎日ゴミ置き場に持っていって、**家の中にゴミをためな**

いことが重要です。ゴミが家にたまると、運気も滞ります。**不要なゴミを常に家の外に出すことで運気を停滞させずに、マイナスの気を外に出して、自分の生活に好循環をつくり出してください。**

まとめ

掃除は人生を変えるくらい強い力を秘めていることを知っておこう。健康運も上がり、ダイエットにもなる。トイレ掃除をすることで、金運も上がることを覚えておこう。

20代の悩み
Q&A
7

汚部屋になりがちです。片づけを習慣化させるコツはありますか。

私も、かつて何年も、そして何部屋も汚部屋にしてきました。その時代は、何もかもうまくいきませんでした。いくつもの汚部屋を経《へ》て、今があります。それでは、私が思う片づけのコツを2つほど紹介します。

1つ目は、**片づけで完璧をめざさないこと**です。部屋が散らかる典型的なパターンが、**やるときは完璧に掃除して、やらないときはずっとやらないという方針の人**です。台所はお皿をためなければよし、洗濯物もためなければよし、ゴミやほこりなどもため込まなければよしです。台所も、洗濯物も、ゴミも少量残っていても問題ありません。すべて、**ため込まなければよしで、完璧主義は整理整頓の大敵**と覚えておきましょう。

2つ目のコツは、**毎日のルーティーンに片づけを入れること**です。我が家の例を紹介すると、**毎朝燃えるゴミとペットボトルは、ゴミ捨て場に持っていきます。**よって、ゴミをため込むということには絶対になりません。そして、**寝る前にダイニングテーブルと居間のテーブル、床に散らかっているものを片づけて寝る**ようにしています。これにより最低限の秩序は保たれています。**片づけでは決して完璧をめざさない**ようにしましょう。

第8章

20代におすすめの趣味

その22 旅に出る
その23 汗をかく
その24 運を動かす
20代の悩み Q&A
⑧ 忙しくて、体を動かす時間がとれません。

その22

旅に出る

趣味として、ほぼ万人におすすめできるのが、旅行です。国内旅行でも、海外旅行でもよいので、とにかく**今いる場所から移動すること**をおすすめします。旅行の効用はさまざまですが、**今いる場所から離れて世界の広さを体感する**ことができます。そして、できたら毎回異なる場所を旅してみましょう。**知らない町や知らない国から入ってくる刺激やインスピレーションは、あなたの全身の細胞を活性化させてくれます。**

■ 旅は自分を客観視できる

限られた生活圏で動いていると、どうしても視野が狭くなって、**主観が強くなってしまいます。**主観が強くなると、**被害者意識**にとらわれがちです。自分を客観視すると、自分の実像に気づくことができます。自分を相対化してみると、被害者意識から抜け出して、バランスよく物事を見ることができます。そうして、**自分から視点を切り離すには、自分**

の生活圏から物理的に離れてみます。

■旅は活力を与えてくれる

私がはじめて能動的に旅に出たのは、浪人時代のことでした。18歳の当時は札幌で生活しており、受験勉強に行き詰まりを感じていたときでした。モチベーションが低下したままではダメだと、気分を一新するために、函館に一人旅をしました。浪人時代で、当然お金もないので、夜行バスで行きます。函館の朝市で元気をもらい、五稜郭公園、立待岬を見学して、函館山からの夜景をはじめて見ました。そのときの、**全身の細胞が活性化されるような感覚は、いまだに忘れられません。**高いところからの眺めは、自分の存在を相対化してくれるのか、自分の悩みが小さく思えてきます。そうして活力をとり戻して、再び受験勉強に高いモチベーションでのぞんで、第1志望校に合格することができました。

■旅は心の傷をいやしてくれる

今まで何度も旅に出て、旅に心救われてきましたが、他にも忘れられない旅があります。スタディサプリの立ち上げ時には、年間で、今思うと信じられないような本数の授業を撮影し続けていました。はじめて、全国から何百・何千という匿名のアンケートに目を通す機会がありました。**ネットの匿名のアンケートは異質なもので、今までのライブ授業では考えられなかったような自分自身に対する罵詈雑言《ばりぞうごん》を毎日目にしていました。**

映像授業は、ライブ授業とはまったく異なる技術が必要で、難易度も極めて高くなります。「そんなに言うなら自分もやってみろ」というような正論は通じません。何より、ネットの匿名の発言というのは、実生活で耳にする言葉とまったく異なるので、最初のうちはひどく傷ついていたように思います。

その最中にタイ旅行に行った際のことです。ビーチリゾートへと移動する高速船に乗りました。**風の心地よさからか、はじめて受けた膨大な匿名の中傷を思い浮かべて、涙が止まらなかった記憶があります。**世の中をよくするために行っていることに対して、なぜこんなにも言葉の暴力を浴びなければいけないのか。そんなふうに思っていた気がします。

ネットの誹謗《ひぼう》中傷も一周すると慣れてきますが、当時はそれらの罵詈雑言と対峙するのが大変でした。しかし、その旅行のおかげで気分一新して、その後も事業を前進させるのに、全力を尽くすことができました。**旅は、いろいろな心の傷をいやしてくれるのです。**

■ 旅は想像力を高めてくれる

「**想像力は移動距離に比例する**」という言葉があります。すなわち、**旅をするほど移動距離が長くなるので、想像力を高めることができます。**私も、毎日よく歩くことに加えて、引っ越しもよくします。旅行も、年間6回はするので、想像力や創造性に欠けるということは、あまりありません。本も無限に書くことができるし、文章も、とりあえずパソコンの前に向かえば、とめどなく出てきます。いかなる仕事にも、クリエイティブな才能は、現状を打破するきっかけになるので、**旅をして想像力を高めてみてください。**

まとめ

旅は己を客観視して、活力を与えてくれて、心の傷をいやしてくれる。想像力は移動距離に比例するので、旅をするほど想像力に恵まれることを覚えておこう。

その
23
汗をかく

「その24」で説明する内容と一部重なりますが、毎日汗をかくことをおすすめします。「汗をかいて苦労しなさい」という意味ではありません。汗をかくことにはたくさんのメリットがあるので、紹介していきたいと思います。

■汗をかくことで気持ちが切り替わる

運動して汗をかくことで、すっきりした経験は誰しもあることでしょう。**体の老廃物を汗で出して、新しい水分を補給します。**体の中を入れ替える感じです。いらないものを出して、新しいものを体内にとり入れます。それにより、**気分転換になり、ストレス解消になります。**「その10」で紹介したように、**過去志向から離れて、現在志向になる**ことと似ています。

■ダイエットになり、より健康になる

体の老廃物と余分な汗を体外に出すことで、ダイエットになります。肥満を防ぐことで、当然健康になります。では、具体的に汗をかくには、どんな手段があるのかを、見ていきます。

■お風呂に入る

お風呂は毎日家で入ることができるので、おすすめです。一人暮らしだとシャワーで済ませがちですが、**できる限り毎日湯船につかることをおすすめ**します。もっとも、夜遅く熱いお風呂に入ると、人によっては体を覚醒させて、夜型になってしまいます。早く家に帰れる日や休日は、ぜひ早めにお風呂に入ることをおすすめします。お風呂の効果を紹介します。

① 浮力作用

お湯に肩までつかると、浮力によって体重が普段の10分の1程度になります。そのため、**普段体を支えている筋肉や関節を休ませる**ことができます。体全体の緊張がとれるので、全身をリラックスさせて、体を休ませることができます。

② 温熱作用

お湯につかると体が温まり、**血管が広がって血のめぐりがよくなります。**血のめぐりがよくなると、**体にたまっていた疲労物質や老廃物が取り除かれていきます。**

③ 水圧作用

湯船につかり、体全体に水圧がかかることで、足のむくみの原因となる滞留した血液を水圧で押し戻すことができます。それによって、**血液の流れがよくなり、新陳代謝が活発になります。**先に紹介した浮力作用、温熱作用と合わさって、お風呂に入ると疲れがとれるのは、この3つの影響が大きいそうです。

■サウナに入る

近年サウナブームが訪れて、「ととのう」という言葉が流行しました。私もこの流行のかなり前から、サウナを愛用しています。**リフレッシュできるし、疲れがとれるから**です。先に書いたように、汗をかくことでストレス解消になり、気持ちを入れ替えることができます。体を温めるという点では、入浴の効果で紹介した、血行促進、疲労回復、ストレス解消等は当然ありますが、なかでも特別なのは、**水風呂とセットで入る交代浴の効果**でしょう。では、**交代浴の効果**を見ていきます。

■自律神経の強化

サウナと水風呂を繰り返すことで、温度刺激により**自律神経が強化**されます。自律神経は、私たちの意思とは関係なく機能します。自律神経とは、呼吸や体温、血圧、心拍、消化、代謝、排尿・排便など、生きていくうえで欠かせない生命活動を維持するために機能しているものの総称です。交代浴により、この自律神経が鍛えられるので、**ストレスに強くなり、風邪をひきづらくなります。**私もこの交代浴は何年も行っていますが、**気持ちを切り替える**のに本当に役立っているので、おすすめです。

■ ホットヨガ

ホットヨガは大量の汗をかくので、おすすめです。私も数回やったことがあります。女性が多いイメージですが、男性も少数ですが、参加しています。発汗作用により、**むくみの改善、ダイエット、肩こりの改善**など、入浴、サウナと同様の嬉しい効果があります。

■ 有酸素運動をする

有酸素運動とは、ウォーキング、ジョギング、サイクリング、水泳などのことですが、長時間にわたって行うので、汗をたっぷりかくことができます。今まで挙げた運動や活動と同じように**汗をかくので、ダイエットになり、気分転換になります。**

ここまで、汗をかく活動を、たくさん挙げてきました。ダイエットになり、体の老廃物を排出し、体の中を物理的に入れ替えます。それによって、気持ちを切り替えて、過去志向から離れて、今に目を向けてください。

まとめ

汗をかくことを趣味にしてみよう。入浴、サウナ、ホットヨガ、有酸素運動がおすすめ。汗をかくことで、体の中を入れ替えて、気持ちを切り替えてみよう。

その24

運を動かす

「運を動かす趣味って何だ？」と思ったかもしれませんが、何のことはありません。「**運動**」のことです。10代までは体育の授業や部活動で、気軽に運動できる場所が存在しました。しかし、20代からは自分で運動の機会を確保しないと、**運動している人、運動しない人の格差が大きくなる**一方です。では、そもそもなぜ運動をするのでしょうか。

■運がよくなる

運を動かすと書いて運動というように、**運動をすることで、運が動き出します。**私自身も、子どものころから運動を続けてきました。中学生のころは、部活動を途中で辞めてしまったので、何とも中途半端で自尊心の低い生活を送っていた気がします。高校生のときは、バレーボール部に所属していました。一度辞めたときは、自尊心が一気に下がって、生活の質も著しく下がっていたように思えます。**部活動に復帰してからは、本当に充実し**

た生活を送ることができて、まさに自分の人生が変わった瞬間でした。

■運動から離れていた時代は、どん底の時代

小、中、高と運動を続けてきたおかげで、体力、気力、精神力いずれも充実していました。ところが大学に入ってから、ピタッと運動をやめてしまうと、体力、気力、精神力すべて悪化の一途をたどっていきました。運動をやらずにお酒を飲んでばかりで、タバコを吸い、昼夜逆転の生活を送ります。ギャンブルにはまり、どん底の時代だったと思います。**運動をやめたせいで、運気もどん底になっていました。**

■30代から運動を再開して、運が動き出す

30代からは、再び運動に目覚めたことで、大きく運が動き出したように思います。いっときパーソナルトレーナーをつけて、筋力トレーニングをイチから学んだのも、大きかったように思えます。1週間で最低2回はジムに通うようになります。**気力、体力、精神力が昔のように充実してきました。**当然**異性にももてるようになるし、仕事の集中力も高ま**

るし、気持ちも常に前向きになります。では、具体的にどんな運動をすればよいのか、いくつか紹介していきたいと思います。

■ ストレッチは今日から誰にでもできる運動

運動に縁のない方のなかには、どんな運動をしてよいかわからない人もいると思います。その場合に、**今日からその場でできるおすすめの運動がストレッチ**です。私は毎晩寝る前にストレッチをしてから寝ます。足の屈伸運動をして、脚の内側の筋をしっかり伸ばします。上半身は、両腕を大きく伸ばすことで、肩甲骨まわりの血流を促して、肩こりの予防に努めます。**ストレッチをするだけで、体の血流がよくなり、快眠がうながされて、それだけで元気が戻ってきます。**

■ 有酸素運動

ストレッチの次に簡単にできて、おすすめなのが**有酸素運動**です。有酸素運動で一番おすすめなのが、**ウォーキング**です。これも、今日からすぐにでもできます。とくに、**食後**

のウォーキングは血糖値の上昇を抑えて、体に余分な脂肪がつくのを防いでくれます。食後、20分を目安にウォーキングすることをおすすめします。

体力と時間に余裕がある人は、ジョギングをおすすめします。20分程度で十分です。生活習慣病の予防になるし、ダイエットにもなり、肩こりも解消されます。さらに、おすすめなのは水泳です。水泳も、一度はまると病みつきになり、私も週に2回くらいは泳いでいます。**心肺機能も高まり、肺や心臓の健康を保つことができます。冷たい水の中に潜っている間は、本当にリフレッシュできて、気分転換になります。**

■一番のおすすめは筋力トレーニング

ここまで、ストレッチ、有酸素運動を紹介してきましたが、最後に紹介するのは無酸素運動、すなわち筋トレです。筋トレは、**気持ちを前向きにさせてくれて、生きる活力を与えてくれます。**

筋トレを習慣にするまでは、仕事がきついときは、週に2回ほどマッサージに通っていました。映像授業の撮影や書籍の執筆作業で、体が凝《こ》って仕方がなかったからです。ところが、**筋トレを習慣にすると、体の血流がよくなり、体の凝りがなくなりました。**

■ 筋トレをすると、テストステロンが分泌される

テストステロンとは男性ホルモンの一種です。テストステロンがしっかりと分泌されていると、精神の安定や集中力・記憶力の向上などに作用します。いわば、やる気と元気の源のようなものです。**筋トレをすると、このテストステロンの分泌が活発**になります。**うつ状態や疲れやすい、不眠、やる気がないなどの悩みをすべて、筋トレが解決してくれます。**女性にとっても有用なホルモンで、やる気や元気の源になってくれます。

■ 筋トレは老化も防止する

近年、若返りホルモンと呼ばれるマイオカインという物質に注目が集まっています。マイオカインとは、**筋肉から分泌されるホルモンなどの物質の総称**です。多くのマイオカインは筋肉を動かすことによって分泌され、さまざまな臓器に良い影響を与えることがわ

かっています。血管の老化の抑制、骨密度の低下の予防などの効果があるので、マイオカインを分泌する筋トレには若返り作用があるようです。筋肉がしっかりある人がわかわかしく見えることは、なんとなくおわかりでしょう。

■ 運動は最強の薬になる

ここまで運動のメリットを挙げてきましたが、当然健康効果もあります。１９６０年代、アメリカ国立老化研究所の初代所長が「**運動の効果を1つのカプセル剤の中に閉じ込めることができたなら、1錠で最も広範に効く、最強の薬になるだろう**」と語ったとされます。どの仕事も体力勝負、健康勝負です。だから、私はストレッチを毎日します。筋トレ、有酸素運動を日替わりで行うことで、運動のあらゆるメリットを享受しています。

まとめ

運動は運を動かすことができる。ストレッチ、有酸素運動、筋トレのいずれも多くのプラスがあるので、できるところから始めてみよう。やる気と活力を生み出し、若返り作用、病気を遠ざける最高の予防薬になることを覚えておこう。

20代の悩み
Q&A
8

忙しくて、体を動かす時間がとれません。

仕事ばかりしていると、運動すらできなくなるという状況に陥ることがあると思います。もっとも、そうも言っていられないと思うので、先に紹介した「ワークインライフ」と同様に、「**スポーツインライフ**」という考えを紹介します。

ようは、**生活のなかに運動をとり込む**という発想です。おすすめなのが、**エレベーターを使わずにできるだけ階段を使うこと**です。自宅のマンションやアパートから出るとき、そして駅のホームに行くとき、**エレベーター、エスカレーターを使わずに階段を使います**。この習慣だけで、ジムでマシーンを使って**スクワットをするのと似たような運動が可能**になります。

他にも、ランチや通勤の往復で、**少し歩いていかなければいけない場所を選択して、歩く歩数を増やします**。私も万歩計のアプリを使い、毎日8000歩を目安に歩きます。この習慣だけで、**ジムで行うウォーキングをすることができます**。

あとは、機械を使わなくても可能なスクワット、腕立て伏せを隙間時間にやるとよいでしょう。外にいるときは、人けのない場所でやるとよいと思います。**寝る前のストレッチ**も習慣にするとよいので、おすすめです。

第9章

20代で豊かな人間関係をつくる

その25

20代は打算なき友人関係をつくれる最後の年代

10代のコミュニティは、友人関係を中心につくられるので、友人はとても大事なものでしょう。20代でもそれは同じですが、少し事情が異なってきます。10代のとき以上に、恋人の存在が大きなものになるために、友情のあり方も少しずつ変化していきます。恋人がいる人は、クリスマスや誕生日には恋人と過ごすものだし、**友人関係よりも恋人関係を優先するシーンが少しずつ増えてきます。**そんな時代の友人とはどういうものになるでしょうか。

■ 恋愛関係は終わりがくるが、友情は一生もの

恋人は仲がよいときにはいいものですが、関係が終わると、連絡をとることはあまりありません。一方で、**本当に大切な友人関係は、30代も40代も続きます。**ならば、恋人関係も大切にすべきですが、友人関係も大切にすべきだとわかるでしょう。恋人がいないとき

にだけ付き合うような友人関係では、気づいたら周りに誰もいなくなってしまいます。

■ 20代は、大切な友人ができる最後の年代

私の周囲を見渡しても、**30代で仲のよい友人ができるという例はあまり聞きません。**というのも、30代になると、仕事でもそれ相応の役職に進んで、**仕事上の地位が前提の友人関係**になります。子どもが生まれて親になったら、パパ友、ママ友というものができますが、それはあくまで**子どもを介しての友人関係**です。だから、**20代が前提のない友人関係をつくれる最後の年代**だと覚えておいてほしいのです。

■ 友人と夜通し遊ぶ

友人と夜通し遊ぶことができるのも、20代が最後だと思ってよいでしょう。30代になると、それぞれが家族を持ち、仕事での責任も大きくなります。夜通し飲んで体調を崩していては、それらの責任をまっとうすることができません。私も、**20代のころは、夜通しお酒を飲んだり、友人たちとマージャンをしたりして、今では到底できない遊びに没頭しま**

した。大学やアルバイト先の友人たちとよく遊びましたが、今でも当時の人間関係は続いています。

■友人と旅行する

これも、20代のうちに、親しい友人たちとぜひ行動に移してみるとよいでしょう。やはり30代になると、一人結婚して、また一人結婚してと、一緒に行動する友人がますます減っていきます。**友人との旅行は、20代の特権のようなもの**なので、おすすめです。私も、国内・海外と、何度も友人たちと旅行して、とても大切な思い出として残っています。

■100人の知り合いより、数人の本当に信頼できる友人

最後に、**本当に信頼できる友人は、わずか数人いれば十分**でしょう。顔見知りをひたすら増やすよりも、**自分に何か起こったときに、すぐに駆けつけてくれるような友人がいる**とよいでしょう。そして、**困ったときに愚痴を言い合える友人が数人いる**と、これから先のいろいろな場面で助けてくれます。

■異性間の友情は成り立つか？

これも、20代のときによく交わされる議論です。私の意見としては、人によると思います。もちろん、異性の友人でありながら、好意を持っていた人もいます。向こうが同じ気持ちなら付き合いたいと思っていた人もいます。一方で、**下心のない異性の友人もたくさんいた**ように思います。**そういった友人とのコミュニケーションはとてもありがたく、異性の気持ちを知るヒントをたくさんもらえた**と思います。異性の友人の一人から、とても重要な仕事のご縁をつないでもらったこともありました。だから、異性でも同性でも、20代の友人関係は、将来の自分を支える存在になるので、大事にするとよいでしょう。

まとめ

20代でできる、打算なき友人関係は、将来自分を支える大事なものであることを覚えておこう。

その26

変化していく人間関係を受け入れる

20代では、学生時代と異なり、社会人の生活がスタートします。「その25」で紹介したように、打算なき大切な人間関係もできますが、もう1つの現実があります。それは、**人間関係が絶えず変化していくこと**です。

■ 高校を卒業すると変化する人間関係

まずは、高校卒業時点で、人間関係の最初の大きな変化があるでしょう。**大学や専門学校で地元を離れて、別の地で生まれ育った人たちとの交流が生まれます。**さらに、**異性との交流が活発化してきて、先ほど述べたように恋人との時間を優先する人たちも増えてきます。**

■大学・専門学校を卒業すると変化する人間関係

大学生までは、中学、高校や大学の友人と継続的に遊んでいたかもしれません。しかし、社会人になると、人間関係はさらに変化します。**学生時代の交友関係から、会社での交友関係になります。**そして、結婚を意識した恋人関係の影響により、さらに恋人との時間が優先されて、人間関係は変化します。

■30代に入ると変化する人間関係

30代に入ると、さらに人間関係は変化します。結婚をすると、パートナーが最優先の生活になります。**子どもが生まれたら、子どもが最優先**の生活になります。いずれも自然な流れで、昔の友人たちとしか付き合いがないほうが不自然です。

■いなくなる友人が出てくることを受け入れる

年齢を重ねるにつれて、友人関係は変化していきます。**価値観が合わなくなり、連絡をとらなくなったり、会わなくなったりする友人も出てくる**ことでしょう。それが自然なことなので、**いなくなる友人が出てくることも受け入れます。**そんななかでも、**いざというときに頼れる友人がいるのは幸せなこと**ですし、ときどき連絡をとり合ったり、遊んだりする友人がいることは、とてもよいことでしょう。

■くだらない愚痴を言い合える友人が3人いれば幸せ

30代を超えても、**くだらない愚痴を言い合える友人が3人いれば、とても満足度の高い暮らしを送ることができます。**私も理不尽な目にあったときや、日常の些細な愚痴などを気軽に共有できる友人が、数人います。彼らのおかげで、世知辛《せちがら》い世の中も何とか渡っていけます。お互い、返信も求めていません。内容がくだらないものばかりなので、既読スルーされても、何とも思いません。

■　1年に一度会える友人が3人いれば幸せ

20代、30代と人間関係が変化していくなかでも、**1年に一度会える友人が3人いれば幸せだ**と思います。**お互いに、仕事、育児、家族の用事が中心になって忙しいなか、貴重な時間を割《さ》いてでも会いたいと思える友人がいることは、とても幸福なこと**です。

まとめ

20代から30代で、変化していく友人関係を受け入れる。くだらない愚痴を言い合える友人、1年に一度会える友人が3人いれば幸せなことを覚えておこう。

その27

運命を変える上司との出会い

20代ではじめて接する人間関係に、**会社の上司と部下**という関係があります。通常年齢の上下があるという点では、**学生生活の先輩、後輩と似ている部分もありますが、大きく異なる部分もあります。**

■ 学生時代と社会人生活はコミュニティの質が大きく異なる

たとえば学生時代にバスケットボール部に所属していたとすると、そこでの先輩、後輩は、バスケットボール部の人たちになります。また、演劇部に所属していたならば、そこでの先輩、後輩は演劇部の人たちです。どちらが良い悪いの問題ではなく、少なくとも**バスケットボール部と演劇部に入部する人たちは、性質が大きく異なる**でしょう。

一方で、会社の上司と部下とは、**いわば学生時代のバスケットボール部と演劇部が合わ**

さった集団での先輩、後輩の関係になります。そして、極めつきは、上司には部下の行動の監督責任も発生します。部下の行動には、上司の一定の承認が必要になります。

■ 上司と部下の衝突はあって当然のもの

こうして見ると、**上司と部下の衝突はあって当然のもの**になります。実際に、私も会社勤めをしていた5年間では、衝突が絶えませんでした。私は、組織にとっては厄介な個人だったでしょうが、**個人の思う正しさと組織の正しさを合致させるのは大変なこと**です。もっとも、**その両立をバランスよく保っている会社が、息の長い会社になる**のでしょう。

今振り返ると、上司にしてみれば、私のような生意気な社員に我慢ならないのは当然だったでしょう。一方で、当時の私にとっても、伝統だから決まりだからといって押しつけられる理不尽な世界を黙って見すごすことはできませんでした。

■上司との衝突を減らしつつ、自分の尊厳も保てる方法

会社員の悩みとしては、どうやったら上司ともうまくやりつつ、自分の世界もある程度保てるのかだと思います。私自身の解決策としては、まずは**上司に突っ込まれない仕事をする、なめられない仕事をする、抜け漏れのない仕事をする**ことでした。上司に突っ込まれるというのは、たいてい自分の仕事に抜け漏れがあります。意地悪な上司もいますが、そういった上司に対して、抜け漏れのない仕事をすることも大事です。

■圧倒的な結果を出せばすべてがひっくり返る

そういう仕事をしていても、あの手この手でいやがらせをしてくる人もいるでしょう。けれども、**圧倒的な結果を出せば、すべてがひっくり返る瞬間がきます。**私自身は、所属していた塾・予備校で、**圧倒的な数字を出すことで、毎回逆風を追い風に変えてきました。**

■今の職場の理不尽さを外に出る力に向ける

そうして原因を内に求めて自分の最善を尽くしても、どうにもならない環境もあるでしょう。そのときは、**その職場の理不尽さに対しての気持ちを、外に出る力に向けます。今いる職場がすべてではなく、あなたが輝ける職場は他にもあること**を覚えておいてください。

■ 運命を変えてくれる上司との出会い

ここまでの内容だと、私がことごとく上司と衝突してきたようですが、**かわいがってくれた上司もいます。**とくに、学生時代のアルバイト先の上司は、その後も、上司が居住していたイギリスに呼んでくれたり、結婚式にも招いたりしてくれました。そして、**とても大きな仕事のご縁までつないでくれました。**やはり、**よい人間関係は大切にしたい**ものです。

まとめ

会社の上司と部下の関係は特殊なもの。上司と衝突しても、自分の仕事を省みてみよう。運命を変えてくれる上司もいるので、よい人間関係は大切に。

20代の悩み
Q&A
9

友人と同じ人を好きになってしまいました。

友人と好きな人がかぶってしまうというのは、私も何度か経験した記憶があります。**友情をとるか愛情をとるかといった選択を迫られる**ように思われるかもしれません。しかし、長い目で見ると、**そこまで大きな問題ではなく、時間が解決してくれるもの**です。

友人の感情にかまわずに、自分の好きな気持ちを押し通して、恋愛を成就させようと動くのも正解です。そして、友人の感情を優先して、自分の気持ちをおさえるという決断も、みずから下したものであれば正解です。

そのときは、友情と愛情の間で板挟みになって、苦しい思いを抱くこともあると思います。けれど、**間違いなくいえるのは、恋愛の傷は必ず時間がいやしてくれます。どんな恋愛をしてこようが、人生のたった一人の伴侶に最終的に出会えればよい**と覚えておいてください。

第10章

人生で避けるべきことを知っておこう

その
28

依存症の恐ろしさを知っておこう

20歳を超えると、お酒とタバコも解禁されて、個人の自由が広がります。しかし、いつの時代も**自由には責任が伴います。**未成年の間は、親があなたの責任をとってくれました。しかし、20歳を超えて親元を離れると、**自分で自分の行動を律する必要があります。**

■お酒とタバコは、20歳未満ではなぜ禁止されていたか？

そもそも、お酒とタバコは、なぜ20歳未満には禁止なのかというと、健康を害するおそれがあるからです。とくに**タバコは百害あって一利なし**といわれています。**タバコは肺がんや食道がんの主要因になる**といわれており、昔に比べると、喫煙者の数は相当減ったと思われます。

私自身も、その昔は喫煙者でした。当時は、タバコを吸っていると格好よいという風潮がありました。しかし、20代半ばともなると、もうそのメリットもなくなっていました。それに加えて、当時は予備校講師をしており、話す仕事が中心でした。**タバコでのどを痛めて、そこから風邪をひいて体調を崩すマイナスを考えて、26歳のときにタバコはやめました。**

■タバコの一番の恐ろしさは、ニコチン依存症

タバコが肺がんや食道がんの主要因になると書きましたが、なかでも恐ろしいのが**タバコには依存性があり、やめたくてもなかなかやめられない**ことです。タバコの主成分であるニコチンには依存性があり、個人の意思では、簡単にやめることができません。禁煙セラピーといって、病院に通って、病気として治療してもらうほどです。こうしたマイナスを考えると、タバコはやらないにこしたことはないでしょう。

自分が喫煙しているときには気づきませんでしたが、一度タバコをやめると、**タバコの臭いに強烈な嫌悪感を抱くようになります。自分が喫煙者だったとき、周りはこんなに嫌な思いをしていたのか**と気づかされます。たとえその瞬間にタバコを吸っていなくても、

喫煙所から戻ってきた人のそばにいるだけで、自分にもその臭いが染みつき、強い臭いがします。

■ 適量のお酒は体によいのか？

お酒は「**百薬の長**」といわれることもありましたが、はたして本当にそうでしょうか。最新の研究によると、少し実情は異なるようです。確かに、少量の飲酒には心疾患といわれる心臓の病気をわずかに減らす働きがあるようですが、がんやそれ以外の病気の発症を高めてしまうので、**少量でもお酒は健康に悪い**との結論が出ています。医学雑誌の『ランセット』でワシントン大学の医学部の教授が発表した論文なので、信憑性《しんぴょうせい》は高いといえるでしょう。

私自身も、お酒を飲むと気分が高揚して、ストレス解消になった記憶があります。そして人間関係の潤滑油《じゅんかつゆ》のような働きがあるので、20代は毎日のようにお酒を飲みに繰り出していました。しかし、**31歳のときに、お酒もやめました。**もともと、アルコールに強くない体質だったのもお酒をやめた大きな理由でしたが、健康に気を使ってお酒をやめたわけではありません。当時、ちょうどリクルート社とスタディサプリの事業を立ち上げたところでした。古い考えかもしれませんが、**自分の何かを犠牲にする必要がある**と考えました。

以前の予備校でも映像授業をやっており、その厳しさは誰よりも理解していました。ふつうに勝負してはダメだろうという意識だったので、**よいと思ったことはすべてやる、そして悪いと思ったことはすべてやめる。**そのうえで、周囲の人で、酔っ払って翌日の仕事に支障が出ている人と、お酒を断り、自分のコンディションを万全に整えている人を見比べると、後者のほうが可能性に満ちあふれていることに気づいたのです。

それ以降、基本飲み会というものには行きません。夜は家族と毎日晩ごはんを食べます。そのおかげで、毎晩執筆活動にあてられます。私にとっては、お酒をやめて飲み会に行かなくなったのは、生活の質を高めるとてもよいきっかけを与えてくれる決断でした。

■アルコール依存症の恐怖を知っておく

最後に、お酒に関しては**アルコール依存症の恐怖**を知っておくべきでしょう。アルコールにもニコチンと同様に依存性があります。依存症になると、自分の意思ではやめられません。毎日、しかも適量を超えて飲み続けてしまいます。健康を害するとともに、お酒のもう1つの側面が浮き彫りになります。

■飲酒は犯罪行為と結びつきやすい

お酒を飲むと気分が高揚して、当初の予定を変更して夜遅くまで飲んだりした経験は、誰しもあることと思います。お酒を飲むと、通常時の判断ができなくなることがあります。飲酒運転は絶対にいけないことです。飲酒運転で判断が鈍くなり、罪のない人たちの命を奪ってしまうことがあります。それに加えて、お酒に酔っ払った酩酊状態《めいていじょうたい》では、通常時では行わないような暴力行為、性犯罪行為が生じやすくなるようです。

芸能人の不祥事も、飲酒と結びつくことが多いようです。私の友人でも、普段は穏やかですが、悪酔いしてタクシー運転手に暴力を振るって、傷害罪で逮捕された人間がいます。くれぐれもお酒で身を滅ぼさないように、注意してください。もっとも、タバコもお酒もダメでは窮屈なので、**タバコはやめて、お酒は適量を守る**のが現実的でしょう。

■薬物にも強力な依存性がある

タバコ、お酒に続いて、薬物の依存性についても知っておくべきでしょう。具体的に薬物とは、覚せい剤や大麻、シンナー、危険ドラッグなどを指します。タバコ、お酒が成人には合法なのに対して、**これらの薬物はそもそも法律で禁止されています。**

これらの薬物は、いずれも脳内報酬系という快感中枢を直接刺激する性質を持っています。快感中枢を刺激することで、多幸感を体験させたり、苦痛をやわらげたりするので、タバコやお酒以上に強力な依存性をもたらします。

そして、タバコとお酒以上に、体に害をもたらします。薬物の乱用により、意識障害や幻覚、妄想といった症状が引き起こされます。異常行動や半狂乱の状態に陥ることもあります。また、高血圧や脳血管疾患、心疾患、肝機能障害等に加えて、薬物使用の際の注射器の使いまわしによって、肝炎、AIDS《エイズ》等にかかってしまうことがあります。

■ギャンブルにも強力な依存性がある

最後に、ギャンブルの依存性について、説明します。今まで挙げてきた、タバコ、お酒、薬物などは、主に体内に何かをとり込み、体そのものに害を与える物質でした。**ギャンブルは、直接的にはお金を浪費する可能性が高いだけですが、これにも強力な依存性があります。**

私自身の経験に照らしても、タバコやお酒をやめること以上に、ギャンブルをやめるのは大変でした。具体的には、悪いとわかっていても、お金がなくなるとわかっていても、1時間でも時間ができれば、やってしまいます。

薬物のところで紹介した、**脳内報酬系**という快感中枢を直接刺激する性質が、**ギャンブルにもあります。ギャンブルで勝つと、この脳内報酬系という快感中枢が刺激されて、そこから離れられなくなります。**私の周囲でも、ギャンブルにはまっている人は、十中八九借金をしています。今までは親に守られていた状態でしたが、20代のこれからは自分で判断していくしかありません。この**依存性の恐ろしさを認識して、自分で自分の身を守る年**

代になったことを意識してください。

■よいものに依存する

ここまで依存症の恐ろしさばかり述べてきました。依存症から抜け出せない人は、単に意志が弱いというわけではなく、一途で、何かにのめり込みやすい性質を持っています。今度は、それをよい方向に使って、**よいものに依存すればよい**のです。

①筋トレに依存する

じつは私も依存体質なので、よいものに依存することを心がけています。そのうえで、20年来ずっとやっているのが、**筋トレ**です。**筋トレをすることで、血流がアップして、体が楽になり、気持ちも前向きになります。**そして、**筋トレには依存性があります。**私も、1週間筋トレをしていないと、体が重くて仕方ありません。みなさんも、ぜひ筋トレをスタートしてみてください。

筋トレは男性がやるものというイメージがあるかもしれませんが、女性にもおすすめです。必ずしもジムに行かなくても、**家でやれる筋トレで十分**です。**スクワットを習慣化すると、脚の筋肉がつきます。**脚がスリムになるとともに、**全身の代謝がよくなります。腕立て伏せ**も、最初は5回くらいからでよいので習慣化すると、**上半身のダイエット**につながります。筋トレは、ダイエットになり体力もついて、一石何鳥かわからないくらいメリットがあります。もちろん、過度なトレーニングは逆効果なので、ほどほどにしましょう。

② お風呂に依存する

「その23」でも紹介しましたが、私は**お風呂に依存**しています。**疲労回復、リフレッシュ**の点でも、お風呂は私の生活に欠かせません。スーパー銭湯になかなか行けない方は、家のお風呂でもよいので、毎日湯船につかってください。体を温めることで、血流がよくなり、体の疲れを回復させてくれます。ぜひ、お風呂を上手に活用してください。

③ 仕事に依存する

通称ワーカホリックといわれる、仕事中毒です。注意しなければいけない点がいくつかありますが、上手に依存すれば、最高の趣味の1つになります。私自身、365日ほぼ毎日仕事をしており、ワーカホリックといわれたら、確かにそうなのでしょう。しかし、**30冊以上の本を執筆して、何百本という授業の動画を作成**してきました。それにより、**書籍や授業動画で、子どもたちの教育や企業の発展に貢献してきた**自負があります。同時に、たくさん働いて多くの収入を得ることで、自分の家族や親族、友人たちに惜しみなくお金を使えます。稼いだお金で、寄付行為もできます。

もっとも、ワーカホリックの問題点は、健康を害することと、家族をないがしろにしてしまうことです。だからこそ、日々運動して食事をコントロールして、健康管理に努めています。家族との時間は、すべてにおいて優先しています。ぜひ、**これを読んでいるあなたも、仕事にはまってください。**仕事に上手に依存すれば、明るい未来が開けてきます。

まとめ

タバコ、お酒、薬物、ギャンブルと、依存性の怖さを知っておこう。悪いものに依存せず、筋トレ、お風呂、仕事など、よいものに依存しよう。

その29

借金の怖さを知っておこう

「その28」で紹介した、**ギャンブル依存症には、たいてい借金がつきまとうこと**を説明しました。私自身も、20代前半はギャンブル依存症に陥っていたといえるので、実際に借金もしていました。身をもって体験した恐ろしさなので、これを読んでくれている人に、知っておいてもらいたい現実があります。

■ 恐怖のリボ払い

借金を抱えていると、最初のうちはよいのですが、途中で、**借金を減らすことの難しさ**に直面します。借金の恐ろしいところが、**借りた金をそのまま返すのではなくて、借金に伴う利子も返さなければいけない点**にあります。

たとえば、私が20代のころにしていたリボ払い（リボルビング払い）を紹介します。10万円を利率15％で借りたとすると、月々の返済が５０００円です。私も若いころは無知だったので、10万円借りて、友人と「毎月５０００円返せばいいんだ」とぬか喜びしていました。しかし、この５０００円のうち、借りた10万円の返済に費やされるのは約４０００円で、利子の約１０００円を払うのです。計算すると、**年間で利子だけで約１万２０００円払う**ことになります。５０００円×12で、６万円払ったつもりが、元の10万円からは４万８０００円しか払っておらず、５万２０００円は借金として残ったままです。

10万円の月払い５０００円ならば、通常20回で終わるところ、リボ払いなら24回もかかってしまいます。**借金の恐ろしさは、利子が発生するところ**です。利子の返済に追われて、借金の元金といわれるお金がなかなか減りません。

■多重債務者の恐怖

借金の恐ろしさをもう１つ挙げると、多重債務者といって、**いくつもの消費者金融でお金を借りて、返せなくなる人**がいます。私の経験や、周りを見渡しても、借金をしている人のほとんどが、この多重債務者に陥る傾向にあります。**１社だけと思って借金をして**

も、気づいたらそれに慣れて、次から次へと借入額を満額にして、負債を重ねてしまいます。

これを避けるには、借金の恐ろしさを認識して、仮に1社であっても借金をしない、これにつきると思います。**今あるお金のなかで、何とかやりくりする。**お金を使う場合、それが本当に借金をしてまでやることなのかと考えます。

■ 借金をすると、身内にもお金を無心《むしん》してくる

借金をすると、十中八九、身内にもお金を無心してきます。自分の親や兄弟ならともかく、友人や恋人にまで、その相手は広がっていきます。もちろん、消費者金融に頼るくらいなら、身内を頼ったほうがよいでしょう。しかし、ここでも**今あるお金でやりくりする工夫が大切になります。**

■ 良い借金をしよう

ここまで、悪い借金の話ばかり並べてきました。一方で、世の中には**良い借金**といわれるものもあります。良い借金といわれるものには、どんなものがあるのかを見ていきましょう。

① 住宅ローン

これは、あくまで賃貸ではなくて、**持ち家を前提としたライフスタイルを望む人にとっての良い借金であること**をご理解ください。私はそもそも賃貸派なので、住宅ローンは使用していません。しかし、持ち家といって、家の購入を希望する人にとっては、住宅ローンにはメリットがたくさんあります。

(1) 賃貸での支払いより住宅ローンのほうが毎月の支払いを安くできる

住宅ローンを組むと、**通常賃貸で払うお金より安い料金で、その物件に住むことができます。**月々の支払いが固定される代わりに、賃貸のときよりも安い賃料で、その住居に住むことができます。たとえば、賃貸では月に20万円払わなければいけない物件に、住宅ローンだと17万円で住むことができます。そして、**住宅ローンを払い終えれば、その家は**

資産になるというメリットもあります。

（2）団体信用生命保険を利用できる

住宅ローンを利用するときには**団体信用生命保険**（団信）への加入が必須の場合があります。**団体信用生命保険**とは、**住宅ローンを払い終える前に、加入者が亡くなった場合、生命保険金からローンの残金が支払われる制度です。**残された家族に住宅ローンは残りません。一家の主が亡くなっても、安心してマイホームに暮らし続けることができます。

（3）住宅ローン控除（減税）

「住宅ローン控除（減税）」は、住宅ローンを利用すると、**借主の税金が安くなる制度**です（2024年10月現在）。毎年末の住宅ローン残高の0．7％が、10年間または13年間にわたり所得税から控除されます。たとえば、住宅ローン残高が3000万円あるとしたら、国に払わなければいけない所得税から21万円安くなるので、かなり大きな金額であることがわかるでしょう。

② ビジネスローン

ビジネスローンとは、**法人経営者や個人事業主が利用する事業資金専用の借金**のことです。ほとんどの大企業が銀行との付き合いがあり、事業目的での借金がない企業のほうが稀《まれ》です。借りたお金は新規事業の立ち上げや、運転資金などに利用できます。もちろん、その事業が失敗すれば返済に追われるわけですが、**事業を成功させるのに、お金を借りてスタートさせたほうが、はるかに事業のスピードは上がります。**このビジネスローンのおかげで、世界中でベンチャー企業といわれる新興企業や、さまざまな事業が生まれているので、社会的にもとても有用な借金の一例といえるでしょう。

③ 奨学金・教育ローン

これは、諸刃の剣となる可能性もあります。あまり多額の奨学金を背負っては、子どもが返済に卒業後何年も苦しめられることがあります。一方で、**奨学金のなかには、無利子のものもあり、一般的に低利子のものが多くなります。**このおかげで、**あきらめざるを得なかった大学進学が可能になるのだから、間違いなく子どもの将来の助けとなる借金です。**

教育ローンは、親が子どもの大学進学などのために借り入れるものです。これも、親の生活を困難にさせるものであってはいけませんが、**子どもの教育という代えがたいもののためなので、返済が可能な範囲であれば、一般的に良い借金とされます。**

まとめ

借金の怖さを知っておこう。借金には利子がついて、借りた金額以上の返済が求められること、一度借金をすると多重債務者になる危険性があることを知っておこう。ギャンブルや買い物のための悪い借金を避けて、利用するなら住宅ローン、ビジネスローン、奨学金などの良い借金を利用しよう。

その30

不倫の代償を知っておこう

「**他人の持ち物をとってはいけない**」というのは、誰しも幼少期に学ぶことの1つです。小学校などで、他の人の持ち物をうらやましく思っても、自分のものにすることは許されません。

■恋人がいる人を好きになったらどうするか？

他人の持ち物をとってはいけないのは当然ですが、それが**他人の大切な人だったらどうでしょうか。**恋人がいる人には心の余裕が生まれるためか、**異性にとって魅力的に映ることが多い**ようです。男女ともに、相手のことが本当に好きになると、緊張して心の余裕がなくなります。その状態は、異性からしてみると、あまり魅力的に映らなくなります。

恋人がいる人を好きになる経験は、誰しもあるものと思います。おすすめは、**相手が恋**

人と別れるまで待つことです。付き合っている最中に、無理やりこちらを振り向かせるのは難しいことです。20代のカップルは何年も続くほうが珍しいので、いずれ別れるときまで友人関係を続けて、しっかりと別れてからアプローチするのがよいでしょう。

■既婚者を好きになったらどうするか？

これは、恋人がいる場合とは大きく変わってくるので、覚えておいてください。既婚者と異性としての関係を持つと、いわゆる**不倫と呼ばれる行為**になります。では、不倫とは犯罪行為なのでしょうか。犯罪行為にあたらないとすれば、何が問題なのでしょうか。

■不倫は犯罪ではないが、不法行為にあたる

犯罪とは、**刑法に規定された構成要件に該当する違法な行為のこと**です。たとえば、お店の物を盗んだら窃盗罪にあたり、人を殴ってけがをさせたら傷害罪にあたります。犯罪行為として懲役刑《ちょうえきけい》や罰金刑で処罰されます。懲役刑とは、有罪判決を受けた人物を刑務所に拘禁《こうきん》し、刑務作業を行わせる刑罰です。その点では、不倫は刑法上の構成要件に該当し

ないので、犯罪ではありません。

一方で、**不倫は不法行為**にあたります。具体的には、**民法709条の不法行為に該当するの**で、それを根拠に**慰謝料請求権**が相手側に発生します。具体的に見ていきましょう。

> 民法
> **（不法行為**による損害賠償）
> 第709条　故意又は過失によって**他人の権利又は法律上保護される利益を侵害した者**は、これによって生じた**損害を賠償する責任**を負う。

「**他人の権利又は法律上保護される利益**」という表現ですが、不倫行為に相当する表現は、民法の第770条に規定されています。

> 第770条
> （裁判上の離婚）
> 夫婦の一方は、次に掲げる場合に限り、**離婚の訴えを提起することができる。**

1．配偶者に**不貞な行為**があったとき。

不倫は、この民法第７７０条1項の**不貞な行為**にあたるので、離婚事由に相当します。これを基に、貞操《ていそう》義務に反した不法行為として、**不倫をした人間に対して、慰謝料請求権**が発生します。まとめると、**不倫は刑法上に規定された構成要件に該当する犯罪行為ではありませんが、民法上の不法行為にあたります。**よって、慰謝料請求をされたら、特別な事情がない限り、当事者は相手方に慰謝料を払わなければいけない可能性があります。

■不倫は誰も幸せにしない

私の周りにも、不倫の経験者はいます。経験者の多くが、あまり幸せな人生を送っているとはいいがたい気がします。相手に配偶者や子どもがいるにもかかわらず異性としての関係を持つことは、とても自分勝手な行為です。**相手の奥さんや旦那さんは、不倫の事実を知ったらどんな気持ちになるか。相手側に子どもがいる場合、親が不倫していることを知ったら、どんな気持ちになるか。**自分だけではなく、自分以外の気持ちを考えることは、大人になってからもとても大事なことです。

■ 不倫は結婚運を大きく遠ざける

一度の過ちだけで、その後のすべての人生が奪われてしまってもよいとは思いません。しかし、**一度不倫に足を踏み入れると、その後、何かに呪われたように、結婚運から遠ざかってご縁のない人が少なからずいます。**

不倫というのは、やはり**既婚者のパートナー、その子どもたちが関わっていることを忘れてはいけない**のです。**人の恨みは恐ろしいもので、その後の人生にもマイナスは続きます。**不倫においては「やられたらやり返す」のような、双方の攻防があるわけではありません。**不倫の当事者のパートナー、子どもへの一方的な加害行為にあたります。**

■ 既婚者とわかった時点で、必ず離れる

また、付き合う当初は、既婚者であることを隠されていたということもあるでしょう。その場合は、**既婚者とわかった時点で、その人から離れるべき**です。そのまま付き合っていればあなたは加害行為をしているのだから、当然それと同じだけの社会的制裁、恨みの

念は受けるものと思ってください。

■ 良い不倫など存在しない

依存症や借金に関しては、良いものもあると説明しました。しかし、不倫には残念ながら、**良い不倫など存在しません。**まずは、不倫の当事者の家族が傷つきます。夫の不倫なら妻が、妻の不倫なら夫が傷つきます。子どもがいれば、子どもたちも傷つきます。そして、既婚者ではない不倫の当事者は、一人取り残されて、相手の家族に一生恨まれた人生を送ります。

唯一不倫をしたあとにできることがあるとするなら、**もう二度と既婚者とは関係を持たない、そして家族を裏切らないと誓って、誠実に生きることを学ぶこと**でしょう。

まとめ

不倫は犯罪ではないけれど、不法行為であることを覚えておこう。当事者は、数百万円の慰謝料を請求されること、社会的な制裁を受ける可能性があること、結婚運が大きく遠ざかることを知っておこう。良い不倫など存在しないことを知っておこう。

20代の悩み
Q&A
10

周りに不倫をしている人がいてやめさせたいです。

次の章の「その33」で紹介する『嫌われる勇気』（ダイヤモンド社）の考えを紹介します。**「課題の分離」**といって、自分の課題なのか、他者の課題なのかを見極めます。そして、**他者の課題ならば、あえて踏み込まない**という決断が大事になります。

自分の課題でこそ、自分が変われば課題を解決できる可能性はあります。しかし、**他者の課題である場合は、自分が解決しようと思ってはいけません。**その人の課題は、その人本人にしか解決できません。

もっとも、他人の課題に対していっさいの関心を示さないのも、冷たい印象を持たれてしまうでしょう。その場合は、**意見を求められたら「私個人はこう思う」と伝える**とよいと思います。もしくは「不倫をしても誰も幸せにならないって聞くよ」とか、「不倫中の男性が『奥さんと別れる』って言っても、たいていは別れないらしいよ」と、**一般論を述べるに留めておく**とよいでしょう。**「課題の分離」**がしっかりできると、いろいろな人間関係が好転していくことと思います。

第11章

心を満たす方法を知ろう

その31　ドラマは日本が世界に誇れるコンテンツ
（20代におすすめのドラマ6選）

その32　漫画は生きる勇気を与えてくれる
（20代におすすめの漫画6選）

その33　本は世界を広げてくれる
（20代におすすめの本6選）

20代の悩み Q&A
⑪ 読書を趣味にしたいけれど、本を読むのが苦手です。

その31

ドラマは日本が世界に誇れるコンテンツ（20代におすすめのドラマ 6選）

その昔は、テレビがとても好きで、毎日大好きな番組がありました。とんねるずやダウンタウンなどのバラエティ番組に、ドラマ、映画など、私たちの世代はテレビを観て育ちました。ところが残念なことに、**最近のテレビには、昔私たちを引きつけていた非日常の世界が、ほとんど見られなくなりました。**

テレビには残念な感情を抱きながらも、そんな思いを一変させてくれる番組がありました。それは**テレビドラマ**です。コロナ禍ではじめた動画のサブスクリプションサービスで、10年以上ぶりに、テレビドラマを観始めました。これから紹介するいくつかの作品は、**テレビ業界の希望であり、日本が世界に誇れるエンターテインメント**です。落ち込んでいるとき、日常に楽しみを見いだせないときに、テレビドラマを観てください。では、私の主観ですが、おすすめのテレビドラマを紹介していきます。

■『アンナチュラル』（TBS）

今までたくさんのドラマを観てきましたが、私のなかでは**ドラマ史上最高傑作**と思える作品です。第1話で十分引き込まれますが、全部観ると、脚本のすばらしさに圧倒されます。1話完結でありながら、同時に伏線を張り続けて、最終話で回収される構成です。第5話、第7話などのいわゆる神回は、本当に胸を打つ内容でした。

シリアスな内容にも、キャストの掛け合いなどでギャグがたくさんちりばめられているおかげで、気持ちが重たくならずに視聴できます。石原さとみさん演じる三澄《みすみ》ミコト、井浦新さん演じる中堂《なかどう》系《けい》、**それ以外のキャストも、いずれも人間的な魅力にあふれています。**テレビに失望している人たちにも、ぜひ観てもらいたい作品です。主題歌である米津玄師さんの「Ｌｅｍｏｎ」が絶妙なタイミングで流れてくるのも、心打たれます。

■『ロングバケーション』（フジテレビ）

私が高校生のときに大ヒットしたドラマです。木村拓哉さんのドラマも、おもしろいものばかりで、社会現象といえるくらい木村さんをまねした髪型やファッションが流行しました。洗練された俳優陣に加えて、久保田利伸さんの「LA・LA・LA LOVE SONG」という主題歌も含めて、とても格好いい世界観をつくり出していました。

しかし、それ以上にストーリーにも胸を打たれます。**木村拓哉さん演じるピアニストの瀬名がスランプのときに、山口智子さん演じる葉山南が懸命に練習したピアノを披露するシーンは、いまだに心に残っています。**タイトルの本当の意味がわかったシーンも、心動かされます。20代はたくさん壁にぶつかるので、そんな時期にこそ、このドラマを観てください。

■『半沢直樹』シリーズ（TBS）

「倍返し」の名セリフで、一世を風靡《ふうび》したドラマです。このドラマがリアルタイムではやっていた時代は、リクルート社とスタディサプリという事業を立ち上げて間もないころでした。とてもじゃないですが、**ドラマを観ている時間的余裕も、心の余裕もありませんでした。**「倍返し」とか言っている間に、自分の人生が終わってしまう、そんなのるかそるかの時期だったことを思い返します。

コロナ禍に突入してからは、事業にも少し余裕が生まれて、テレビを観る時間もできたので、サブスクリプションサービスで、半沢直樹シリーズを観始めました。私自身も、会社員時代は、組織を変えようと、提言して、行動して、各所と戦う日々だったので、勝手ながら当時の自分を重ねて、懐かしく、楽しませてもらいました。「やられたらやり返す。倍返しだ」の名セリフ以上に、「**ビジネスは感謝と恩返し**」のセリフは、今も私の仕事人生の大きな軸になっています。

■『逃げるは恥だが役に立つ』（TBS）

エンディングの恋ダンスが流行して、『逃げ恥』と略されて、人気のドラマであることは知っていました。もっとも、観る前は、ラブコメディがあまり得意ではなかったので、1話観てつまらなかったら、それで終わりにしようと観始めました。1話目で、すぐにおもしろさに気づかされます。主演の新垣結衣さんの可愛さが注目されますが、このドラマ、原作は、**世の中のマイノリティにスポットを当てている内容**なのです。

自分らしさを貫くと、世の中ではマイノリティになり肩身の狭い思いをします。それでも、自分らしく生きることは、その人の大切なアイデンティティになります。**そんな少数派にスポットを当ててくれる内容**なので、ぜひご覧ください。もちろん、ガッキーこと新垣結衣さんと星野源さんの恋仲も、とても楽しませてくれます。

■『アンメット～ある脳外科医の日記～』(フジテレビ)

『アンナチュラル』と同じように医療ドラマですが、コンセプトは異なります。交通事故が原因で、**みずからの脳に障害を抱えた脳外科医を中心に展開する物語**です。主人公は記憶障害となり、**昨日の記憶をいっさい忘れてしまう**ために、毎晩その日に起こったことを日記に記します。次の日にはすべて忘れるので、日記を振り返って1日がスタートします。「**私の今日は明日とつながらない**」という状況が、ドラマの進行とともにどう変化するのか。絶望と希望が交錯するストーリーは、20代ではなくても、さまざまな世代の人が観て感動するはずです。『アンメット』というタイトルの意味が明かされたとき、思わずハッとさせられました。それは、**医療業界のみならず、人が生きていく世界では、どこにでも存在する問題**です。そして、**その解決策を提示された場面も忘れられません。**ぜひ、タイトルに込められた意味とその解決策を楽しみにご覧ください。

■『僕の生きる道』（フジテレビ）

20代の「絶望」のさなか、何度も観て、勇気をもらったドラマです。余命1年と宣告された教師が、奇跡のような1年を過ごす物語です。**なんとなく毎日を過ごしてきた人が、生きることの本当の意味を見いだす物語は、観ている側にも生きる勇気を与えてくれます。**

エンディングが、SMAPの「世界に一つだけの花」で、ドラマの終わりとともに、毎回胸が熱くなったのを思い出します。**長い間生きられるから幸せなのではなくて、限られた時間をどう生きるかが大事なのだ**と、ドラマを観終えて、深く考えさせられます。20代の「絶望」を乗り越えるのにふさわしい作品なので、ぜひご覧ください。

まとめ

日本のテレビドラマは、世界に誇れるコンテンツ。道に迷ったときも、背中を押してくれる最高のエンターテインメント。

その32

漫画は生きる勇気を与えてくれる（20代におすすめの漫画 6選）

20代で絶望的な状況に陥ったときに、何度も漫画に心救われました。漫画喫茶で一気に読んだり、毎週の週刊誌で読んだりする漫画には、何度も勇気づけられました。いまだに、月曜の少年ジャンプや、木曜のヤングジャンプは、私の大きな楽しみの1つです。月曜日に少年ジャンプで『ONE PIECE』を読むことで勇気づけられて、木曜のヤングジャンプで『キングダム』を読むことで、何とか週の後半を乗り切っています。

漫画が生活に入り込んでいることで、とても充実しています。ときに絶望を乗り越える希望を与えてくれるので、困難が続く20代でも、ぜひ漫画を読むことをおすすめします。では、あくまで私の主観ですが、20代におすすめの漫画を6作紹介していきます。

■『キングダム』（集英社／原泰久）

毎週木曜日に発売される週刊ヤングジャンプに連載されている作品です。毎週、木曜日の発売が楽しみで、これのおかげで、**疲労がたまりがちな週の後半を乗り越えられている**といっても過言ではありません。あくまで私の意見ですが、今、**世界で一番おもしろい漫画**だと思っています。登場人物一人ひとりをとても濃く描いているので、すべての話に感情移入ができます。なかでも、合従軍編で、蕞《さい》の民衆を大王である政が鼓舞するシーンは、漫画を読みながら鳥肌が立つほどです。今、あまりさえない生活であっても、『キングダム』を読めば、少しは希望が持てると思うので、ぜひ読んでみてください。

■『リアル』（集英社／井上雄彦）

拙著の『10代のきみに読んでほしい人生の教科書』（KADOKAWA）では、井上雄彦さんの『SLAM　DUNK』を紹介しました。その次におすすめしたいのが、『リアル』です。同じバスケットボールを題材にしていても、『SLAM　DUNK』が高校生の部活動でのバスケットボールが題材で、『リアル』は車椅子バスケットボールを題材としています。

車椅子バスケのプレイヤーのみならず、登場人物の現実の厳しさを、本当に「リアル」に描いています。**ちょっとよくなったと思ってまたダメになって、ようやく希望が見えたと思って、またダメになって、それでも少しずつ前進している現実的なストーリー**を描いています。うまくいかない時期は、3歩進んで2歩下がるようなものですが、自分の苦境に照らし合わせて、少しずつ前進してください。

■『宇宙兄弟』（講談社／小山宙哉）

タイトルからおわかりのとおり、宇宙飛行士をめざして奮闘する兄弟の物語です。いつのまにか追い抜かされた弟にはっぱをかけられて、落ちこぼれの兄が再び宇宙飛行士をめざします。**優秀な弟に引け目を感じて逆境であっても奮闘する兄の姿に、とても胸が熱くなります。**ところどころくすっと笑ってしまうギャグをはさみながら、兄と弟の立場がさらに逆転してと、ストーリーが続きます。

「宇宙に行く」というとてつもない大きな夢を見て奮闘する兄弟の姿、そして兄弟愛に心打たれて、ページをめくる手が止まらなくなります。宇宙をめざさなくても、**自分のいる**

世界で大きな夢を追いかけてください。この作品は、とても勇気をもらえます。

■『コウノドリ』（講談社／鈴ノ木ユウ）

出産を扱う産科を舞台にした物語です。主人公は、ピアニストでありながら、産科医です。1話目から、とても引き込まれます。2話目で、涙があふれてきます。**出産は女性にとって命がけの行為**であり、**生命の誕生はまぎれもなく1つの奇跡**です。

女性が命がけで子どもを産むのだから、男性と社会は産前産後に、あらゆることで女性をサポートしなければいけません。男性は、出産時は見守ることしかできない、無力な存在です。だからこそ産前産後に育児、家事、労働で、女性を支えなければいけません。

すでに出産経験のある方も、これからその可能性がある方も、ぜひ読んでほしい作品です。**生まれてくる命は、その親や親族のみならず、社会の宝です。**その宝を、社会全体で、全力でサポートしなければいけないことを、この作品を通して感じてください。

■『Happy!』（小学館／浦沢直樹）

前出の10代向けの拙著では、浦沢直樹さんの『YAWARA!』を紹介しましたが、それに勝るとも劣らないすばらしい作品が、『Happy!』です。『YAWARA!』の主人公である猪熊柔《いのくまやわら》が全国民から応援されていた存在だったのに対して、本作の主人公の海《うみ》野幸《のみゆき》は、**作中では周囲は敵だらけの逆境**です。それでも、**読者は心から応援したくなるような存在**です。

『Happy!』というタイトルは、主人公の名前の幸にかけているのに加えて、**経済的に苦しくても、常に前向きで笑顔を絶やさない主人公の心情**にかけているのでしょう。ちょうど、私が絶望的だった20代に読んで、とても励まされた作品です。今苦しい状況にいる方は、ぜひ読んで元気をもらってください。浦沢直樹さんの作品には、まだまだすばらしいものがあるので、これをきっかけにぜひ読み進めてください。

■『BLUE GIANT』（小学館／石塚真一）

世界一のジャズプレイヤーを夢見て、奮闘する主人公の物語です。「BLUE GIANT」とは、青色巨星《せいしょくきょせい》のことで、星は、あまりに高温になると赤を通り越し、青く光るそうです。それくらい観衆を魅了できる世界一のジャズプレイヤーを、仲間内でBLUE GIANTと呼んでいたのが由来だそうです。

漫画を通して、音楽が聴こえてくるとまでは言いません。それでも、**聴衆の熱狂や興奮は、十分に読み手に伝わってきて、鳥肌が立つ瞬間が何度もあります。**仙台→東京→ドイツ→ニューヨークと、仲間との出会いや別離を経て、それでも前進する主人公の生き様に、勇気や感動をたくさんもらえます。自分の人生に重ね合わせて、挑戦する勇気をもらえる作品です。

まとめ

疲れたときでも、漫画は元気や感動を与えてくれる。日本の漫画は、大人が読んでも楽しくて、世界に誇れるカルチャーであることを覚えておこう。

その33

本は世界を広げてくれる（20代におすすめの本 6選）

本を読むことで得られる効用はたくさんあります。**新しい考え方や生き方を知ることができること**、**物語の世界に没頭できる**ことなどがあります。**前者の内容の本を3冊**、そして、**後者の内容の本を3冊**紹介します。いずれも読んだあとには、自分の世界を広げてくれて、心の在り方を大きく変えてくれることでしょう。では、私の主観ではありますが、**20代で読んでおきたい本6選**を紹介していきます。

■『置かれた場所で咲きなさい』（幻冬舎文庫／渡辺和子）

20代はともすれば、**大学や就職などで、不本意ながらも進路を決めなければいけない世代**です。どの大学に行くか、どの会社で働くか、どの職業に就くかばかりに目がいってしまいます。あとでわかることですが、これらのことは、20代で思っているほど重要ではありません。それよりも、**その大学に入ってから何をするか、その会社に入ってから何をす**

るか、その職業に就いてから何をするかのほうが、はるかに重要です。

大学名、会社名、職業で勝負するのではなくて、自分の名前で、自分の存在で、自分の仕事で勝負します。『置かれた場所で咲きなさい』は、ノートルダム清心学園元理事長、渡辺和子さんのエッセイです。**たとえ、その場所が第2志望の場所であっても、そこでしっかりと根を生やし、きれいな花を咲かせることの大切さ**を説いています。「**花を咲かせられないときは、下へ下へと根を生やすのです**」と説いてくださっています。20代で思うようにならないときを過ごしている人にこそ、ぜひ読んでもらいたい1冊になります。

この本を読んでいると、その一行、一行から、著者の高貴で人徳のある人柄を読みとることができます。文章で人の心を動かして、人の心に潤いを与えて、人の心を救い上げてくれる、そんな内容になっています。

■『嫌われる勇気　自己啓発の源流「アドラー」の教え』

（ダイヤモンド社／岸見一郎　古賀史健）

10年前に発売されたものです。アドラー心理学を対話形式で紹介した、大ベストセラーです。**自己啓発書**と呼ばれる本で、新しい考え方や生き方に気づかせてくれます。本書の「**課題の分離**」という考え方には、私も大きく影響を受けました。**自分の課題なのか、他者の課題なのかを識別**する。そして、**自分の課題には足を踏み込ませない、一方で他者の課題には足を踏み込まない**という考えです。

「**馬を水辺に連れていくことはできるが、水を飲ませることはできない**」ということわざを引用しているように、自分にできることをやったらあとは必要以上に介入しない、責任を負わないことが重要だという話です。

「**課題の分離**」からスタートして、「**共同体感覚**」というゴールとはいったい何なのか。そして、「**子育てで叱ってもいけない、ほめてもいけない**」理由とは何か、「**縦の関係**ではなく**横の関係**」とは何か、とさまざまな新しい考えを提示してくれます。「**自己肯定ではなくて自己受容**」そして「**他者信頼**」から「**他者貢献**」「**貢献感**」「**ふつうであることの勇気**」と、いずれも、はっとさせられるものばかりです。ぜひ、この本を通じて、新しい考え方を知ることで、自分の人生に役立ててください。

■『ユダヤ人大富豪の教え　幸せな金持ちになる17の秘訣』
（大和書房／本田健）

この本を読み終えたときには、衝撃を受けました。この本を読む前の職業観といえば、医者、弁護士、会計士、教師、会社員などの職種でしかものを見ていませんでした。本書では、そんな職業観をばっさり切って、**経済的自由人、不自由人に分けます。**

医者、弁護士などは経済的不自由人と定義します。すなわち、**自分が働かないと収益を生まない仕事は経済的な自由を手にできていない**と説明します。**明日、自分が倒れたらお金が入ってこない状態であってはいけない。南の島で海に浮き輪で浮かんでいても、お金が入ってくる仕組みをつくること、**それが**経済的自由人**と定義します。

経済的自由人になるには、自分で働いた労働による収入ではなくて、**ある収入が不可欠と説きます。**本書で、新しい職業観を学んで、自分のこれからの人生の指針としてください。私も本書を通じて、職業観が１８０度変わりました。

■『汝《なんじ》、星のごとく』（講談社／凪良《なぎら》ゆう）

理性やモラルだけでは、どうしても説明できない男女の心情を描いた作品です。閉鎖的な島と東京という舞台を行き来して、物語は進行します。**それぞれの親という切っても切れない鎖に翻弄される男女の恋物語**です。

途中で物語に没頭してページをめくる手が止まらなくなります。場所、時代を問わず、宿命に翻弄される男女の関係は心打たれるものです。そして、**最後の最後に宿命から解き放たれるストーリーに、心を動かされます。**オビにも書いてある、「令和最愛の物語」に嘘偽りありません。**心に潤いをもたらしてくれる1冊**なので、ぜひ読んでみてください。

■『白夜行《びゃくやこう》』（集英社文庫／東野圭吾）

10代後半から20代にかけて、私が最も読んだのが東野圭吾さんの作品です。10代向けの拙著では、『**秘密**』をおすすめしましたが、20代におすすめしたいのは、『**白夜行**』になります。

800ページを超える大作にもかかわらず、ページをめくる手が止まらず、あっという間に読み終えてしまいます。それくらい、強烈なストーリーです。**昼間の明るく照らす太陽ではなくて、夜になっても太陽が沈まずに、薄明状態が長時間続く現象**を「**白夜**」といいます。「行」とは、旅行のことを指します。20年にも及ぶ2人の男女の、決して日の光が当たらない世界での人生を「白夜行」と名づけ、展開していきます。読み終えたあと、しばらく冷めやらぬ興奮は、東野圭吾さんの作品特有のものです。

10代の人に『秘密』、20代の人に『白夜行』をおすすめしました。東野圭吾さんの作品には、まだまだおもしろい作品がたくさんあるので、ぜひ読んでみてください。

■『永遠の0』（講談社文庫／百田尚樹）

臆病者と言われることもあった男が、なぜみずから零戦《ぜろせん》に乗り込んで、命を落としたのか。神風特攻隊、太平洋戦争にまつわる話を、現代と交錯させながら展開していくストーリーです。**ウクライナ、ガザ地区などの話が日常に浸透してくるにつれて、今まで当たり前と思っていた平和が、そうではないこと**に気づかされます。

映画『オッペンハイマー』では、原爆をつくったアメリカ側からの視点が描かれていました。現代に生きる私たちこそ、戦争、そして原子爆弾に関しての考察をやめてはいけないのだと思います。映画や文学を通じて、当時の状況を理解して、想像します。**極限にさらされている戦争のさなかでも、家族を思う普遍的な愛情**が、本書では描かれています。20代で読めなくても、それ以降でも一度は読んでもらいたい名作です。

まとめ

本を読むことで、自分の世界が広がっていく。新しい考え方や生き方を知ること、物語の世界に没頭することで、読書は自分の可能性を無限大に広げてくれることを覚えておこう。

20代の悩み
Q&A
11

読書を趣味にしたいけれど、本を読むのが苦手です。

無理に本は読まなくてよいです。ただし、本を読むと、かけがえのないものが手に入るのも事実だと思います。心の充実、共感力、想像力、知識、意欲等、挙げるときりがないくらい読書は良いものです。

文芸評論家の三宅香帆さんが『なぜ働いていると本が読めなくなるのか』（集英社）という本を刊行されました。著者は本が大好きだったにもかかわらず、会社員として勤務している間は、いつの間にか大好きな本が読めなくなったそうです。私もそうですが、多くの社会人が賛同して、近年のベストセラーの一冊となりました。著者が指摘する問題点は、現代人は「すべてを仕事に結びつけてしまうこと」だそうです。そこで、著者がおすすめなのが「**半身で働くこと**」だそうです。**読書くらい楽しめる、ゆとりのある働き方があってもよいのではないか**という提言です。

あるいは、ひと口に本といっても、恋愛小説、推理小説、歴史小説、エッセイ、ノンフィクション、自己啓発書などと多岐にわたります。その中で、**1つでも好きなジャンルが見つかったらよい**と思って、読んでみることをおすすめします。

おわりに

20代は大きな可能性を秘めていて、これからの人生を左右する最大の分岐点です。**可能性を秘めているということは、無限大によくなる可能性とともに、どん底に落ちるように悪くなる可能性も秘めています。**

一刻も早く、親がかりの人生から離れて、自分の人生をスタートさせましょう。同時に、親は自分の手から、子どもを離さなければいけないタイミングです。

私自身も20代は悲惨な経験をたくさんしてきました。ワーキングプア、借金苦、ギャンブル依存、孤独、うつ病と苦しい経験ばかりでした。それらを1つずつ乗り越えて、今があります。

20代は、たくさん挑戦して、たくさん失敗して、たくさん学んでください。仕事だけではありません。恋愛でも、たくさんの人を好きになって、ときにフラれて、たくさん学んでください。

20代では、恋人との関係は不安定なままでしょう。まずは、自分の身をただすこと、そして自分と相性のよいパートナーのタイプを見極めてください。**独りよがりの恋愛から離れたときに、必ずよいパートナーシップをつくれるようになる**でしょう。

本書で提示した33の項目すべてに賛同する必要はありません。けれども、このなかで納得できたものを1つでも行動に移せば、充実した人生になると思います。

20代の絶望が大きければ大きいほど、それが希望に転じたときに、大きな花を咲かせることができます。自分に足りないピースを一つひとつそろえていってください。人生は急にはよくなりません。けれども、あきらめなければ少しずつよくなっていくと信じて、前に進んでください。

肘井　学

肘井《ひじい》 学《がく》
慶應義塾大学文学部英米文学専攻卒業。さまざまな予備校の教壇に立ち、現在はリクルート主催のネット講義サービス「スタディサプリ」に出講。その授業は、高校生から英語を学び直す社会人まで、圧倒的な満足度を誇る。とくに、「英文読解」の講座は年間約25万人が受講する盛況ぶり。
著書に『大学入試 肘井学の 読解のための英文法が面白いほどわかる本』『大学入試 肘井学の 英語会話問題が面白いほど解ける本』（ともに小社刊）、『きめる！ 共通テスト 英語リスニング 改訂版』（Gakken）、『大学入試 レベル別英文法問題ソリューション』（かんき出版）などがある。
2024年に自身初となるエッセイ『10代のきみに読んでほしい人生の教科書』（小社刊）を上梓。本書はシリーズ第二弾となる。

20代《だい》で学《まな》んでおきたい33のこと
2025年2月13日　初版発行

著　者　肘井学《ひじいがく》
発行者　山下 直久
発　行　株式会社 KADOKAWA
〒102-8177　東京都千代田区富士見2-13-3
電話 0570-002-301（ナビダイヤル）
印刷所　大日本印刷株式会社
製本所　大日本印刷株式会社

●お問い合わせ
https://www.kadokawa.co.jp/（「お問い合わせ」へお進みください）
※内容によっては、お答えできない場合があります。
※サポートは日本国内のみとさせていただきます。
※Japanese text only

定価はカバーに表示してあります。

ISBN 978-4-04-684540-5　C0095